Wochenende Tirol

30 Touren

Mark Zahel

Vorwort

Als »Herz der Alpen« versteht sich Tirol selbstbewusst – ein Prädikat, das ich nach Streifzügen durch alle möglichen alpinen Gegenden auch für mich persönlich in ganz spezieller Weise bestätigen kann. Dabei gibt nicht allein die geografische Lage den Ausschlag. In Tirol ballt sich einfach eine ganze Menge zusammen, was die Herzen passionierter Wanderer und Bergsteiger höherschlagen lässt. Die Nördlichen Kalkalpen einerseits sowie die Zentralalpen stehen für zwei Hauptlandschaftstypen, beide nochmals mit allerhand Facettenreichtum im Detail. So weist jede Destination, jede Gebirgsgruppe Tirols ihr ganz eigenes Gepräge auf. Und die Infrastruktur für den Touristen darf wohl nahezu flächendeckend als erstklassig bezeichnet werden. Hunderte von Berghütten und die verbindenden Wege entfalten eine starke Anziehungskraft, sodass vielen unweigerlich die Idee eines (verlängerten) Bergwochenendes in Tirol durch den Kopf schießt, wenn der Wetterbericht schöne Aussichten verspricht …

Doch wo liegen die attraktivsten Routen mit Hüttenübernachtung? Dieses Wanderbuch gibt darauf 30-fach Antwort. In Angrenzung an das Wanderbuch »Wochenendtouren Allgäu – Vorarlberg« berücksichtigt es sämtliche Teilregionen Nordtirols vom Arlberg bis hinüber ins Unterland, nicht zuletzt auch die hochalpinen Gefilde am Alpenhauptkamm, wo man auf spannenden Steigen bis in Höhen von über 3000 Metern vorstößt. Zahlreiche Touren sprechen also den ambitionierten Bergwanderer an, der mit einer guten Portion Erfahrung im Gepäck loszieht. Aber auch einige leichtere sind vertreten, etwa eine Wanderung quer durchs Karwendel.

Vorgestellt werden Unternehmungen in einem – oft flexiblen – Zeitrahmen von zwei bis maximal vier Tagen. Sie sind meist als ideale Rundtouren angelegt, doch auch die Streckenwanderungen erweisen sich dank guter Logistik über öffentliche Verkehrsmittel stets als praktikabel. Mitunter wird auch eine Hütte als Basislager auserkoren, um von dort eine Reihe von Gipfelbesteigungen zu unternehmen. Und was vielleicht das Beste ist: In seiner Gesamtheit vermittelt das Tourenportfolio die enorme Vielfalt, die Tirols Bergwelt auszeichnet. Wie unterschiedlich sind doch die urtümlich verschlungenen Höhenwege in den Lechtaler Alpen, die vom Gletschereis und Blockgestein geprägten Landschaften der Ötztaler und Stubaier oder die Kalkzinnen des Wilden Kaisers!

Der umfangreiche Erfahrungsschatz, der mir aus über 25-jähriger aktiver Betätigung über die Region zur Verfügung steht, ist für dieses Buch aktuell aufbereitet worden: animierende Einführungstexte und ausführliche Routenbeschreibungen, harte Fakten zum Planen und die Vorteile GPS-basierter Höhenprofile mit der Möglichkeit zum Daten-Download, dazu eine großzügige Illustration, die Lust macht, Tirols großartige Bergwelt selbst kennenzulernen, ganz gleich ob als Gebietsneuling oder bereits in vertiefter Auseinandersetzung. Viel Spaß dabei wünscht

Mark Zahel

Inhalt

Vorwort 3
Allgemeine Hinweise 6

▶ **1 Paznauner Höhenweg im Verwall**
Mit Ludwig-Dürr- und Hoppe-Seyler-Weg 18

▶ **2 Am westlichen Lechtaler Höhenweg**
Vom Arlberg bis nach Schnann 26

▶ **3 Rundtour um Gramais**
Drei Hütten zwischen Parzinn und Medriol 33

▶ **4 Maldongrat und Namloser Wetterspitze**
Im Umkreis der Anhalter Hütte 40

▶ **5 Rund um die Coburger Hütte**
Auf die Ehrwalder Sonnenspitze u. ihre Nachbarn 46

▶ **6 Gipfelwege in der Samnaungruppe**
Über Rotpleiskopf und Furgler 54

▶ **7 Wildnörderer, Glockturm und Co.**
Dreitausender-Trilogie vom Hohenzollernhaus 61

▶ **8 Rund um die Verpeilspitze**
Über Madatschjoch und Verpeiljoch 68

▶ **9 Am nördlichen Geigenkamm**
Hoher Gemeindekopf, Schafhimmel und Wildgrat 74

▶ **10 Der Mainzer Höhenweg**
Zwischen Rüsselsheimer u. Braunschweiger Hütte 81

▶ **11 Venter Gipfelrunde**
Über Wildes Mannle, Guslarspitzen und Saykogel 88

▶ **12 Im Söldener Windachtal**
Über den Brunnenkogel bis zur Siegerlandhütte 95

▶ **13 Gipfelpotpourri um die Schweinfurter Hütte**
Eine Handvoll Berge über dem Horlachtal 102

▶ **14 Praxmarer Dreieckstour**
Zum Westfalenhaus und zur Pforzheimer Hütte 111

▶ **15 Hausberge der Franz-Senn-Hütte**
Vord. Sommerwand, Aperer Turm u. Rinnenspitze 118

▶ **16 Großer Trögler und Mairspitze**
Gipfelvarianten am Stubaier Höhenweg 125

17 Rund um das innere Gschnitztal
Via Tribulaun-, Bremer und Innsbrucker Hütte   131

18 Rund um die Kalkkögel
Von Fulpmes über die Adolf-Pichler-Hütte   138

19 Solsteine und Erlspitze
Auf die Hausberge von Zirl   144

20 Quer durchs Karwendel
Von Scharnitz nach Stans im Inntal   150

21 Große Ellbögener Täleüberschreitung
Vom Arztal über die Kreuzspitze ins Viggartal   158

22 In der Wattener Lizum
Mölser Berg, Lizumer Reckner u. Hippoldspitze   163

23 Die Olperer-Randonnée
Über Alpeiner- und Friesenbergscharte   170

24 Am Berliner Höhenweg
Schönbichler Horn und Mörchenscharte   178

25 Überschreitungen im Rofan
Zwei Gipfelschleifen von der Erfurter Hütte   186

26 Pendling, Hundsalmjoch und Heuberg
Von Kufstein nach Breitenbach am Inn   193

27 Wilder-Kaiser-Steig
Von Kufstein via Gruttenhütte nach St. Johann   200

28 Steinerne Rinne und Griesenerkar
Mit Hinterer Goinger Halt und Regalpwand   208

29 Gipfel um die Neue Bamberger Hütte
Auf Schafsiedel, Kröndlhorn, Salzachgeier   214

30 Am Fieberbrunner Höhenweg
Mit Wildseeloder, Bischof und Gebra   221

Stichwortverzeichnis   228
Impressum   232

Allgemeine Hinweise

Tourenplanung

Die in diesem Buch vorgestellten Touren verlaufen zum überwiegenden Teil auf gut markierten Wanderwegen und Steigen. Eine Besonderheit liegt darin, dass sie nicht im Rahmen eines Tages abgeschlossen sind, sondern über zwei, drei oder in manchen Fällen sogar vier Etappen gehen und daher Nächtigungen auf Berghütten beinhalten. Die Auseinandersetzung mit einer Tour fällt also auch im Vorfeld schon mal umfangreicher aus. Insbesondere kommt der Wetterprognose ein noch größerer Stellenwert zu. Es empfiehlt sich unbedingt, die Taktik danach auszurichten und nicht etwa bei avisiertem Wettersturz aufs Geratewohl einen langen, hochalpinen Übergang zu beginnen. Die jeweiligen Anforderungen mit dem eigenen bergsteigerischen Leistungsvermögen sowie den Vorlieben abzustimmen und so passende Touren herauszufiltern, ist der erste wichtige Schritt bei der Tourenplanung. Dazu bietet der Führer neben einer einleitenden Würdigung als ideales Instrument die **KURZINFO**, die in einer Art »Steckbrief« die wichtigsten Basisinformationen zu jeder Tour zusammenfasst. Dazu die folgenden Erläuterungen.

Symbole

Diese werden auf der Umschlagklappe definiert und vermitteln einige grobe Grundkriterien für Bergwanderungen aller Art (nach Standard der Rother-Wanderbuch-Reihe). Vor allem die Eignung für Kinder muss natürlich sehr individuell gesehen und von den Eltern im

Das vergletscherte Hochgebirge entfaltet eine besondere Faszination. Hier Wilder Pfaff und Zuckerhütl in den Stubaier Alpen.

Kleine, spannende Bergpfade wie am Dalfazer Kamm im Rofan finden in diesem Band bevorzugt Berücksichtigung.

Hinblick auf Alter und Belastbarkeit ihres Nachwuchses verantwortungsbewusst selbst eingeschätzt werden. Als grundsätzlich familientauglich dürfen Wanderungen gelten, die für Kinder abwechslungsreich, aber nicht zu gefährlich bzw. zu anstrengend sind. Angaben zur Begehungshäufigkeit können ebenfalls nur tendenziell gemacht werden, denn niemand führt auf Bergen »Volkszählungen« durch. Im Rahmen unserer Tourenauswahl wird dieser Punkt noch dadurch verwässert, dass wir es jeweils mit mehreren Etappen zu tun haben, die durchaus unterschiedlich frequentiert sein können. Erhebliche Diskrepanzen bestehen ohnehin zwischen Werk- und arbeitsfreien Tagen respektive zwischen Haupt- und Nebensaison. Das Klettersteigsymbol taucht auf, wenn es gesicherte Wegabschnitte gibt, die über vereinzelte kurze Stellen hinausgehen.

Ausgangspunkt

Diesen Ort fahren wir mit unserem Pkw respektive mit öffentlichen Verkehrsmitteln an. Dazu wird ein kurzer Hinweis auf die Busverbindungen gegeben. Mitunter können oder sollen auch Seilbahnen für den Einstieg in eine Tour genutzt werden. In solchen Fällen werden die täglichen Betriebszeiten aufgeführt.

Endpunkt

Der Endpunkt ist bei geschlossenen Rundwanderungen identisch, ansonsten wird er analog zum Ausgangspunkt beschrieben, d. h. ebenfalls mit Angabe der Busverbindung.

Etappendaten

Hier werden übersichtlich für jeden Tag die wichtigsten Kenndaten aufgelistet: Schwierigkeit (nach der auf Seite 9 definierten Dreiteilung), Auf- und Abstiegsmeter sowie Gehzeit.

Blick über die Rüsselsheimer Hütte Richtung Watze- und Verpeilspitze im Kaunergrat jenseits des Pitztals.

Unter dem Stichpunkt »Gesamt« ist alles für die komplette Tour zusammengerechnet.

Gehzeit

Wichtig zum allgemeinen Verständnis: Die Angaben beziehen sich immer auf reine Marschzeiten ohne Pausen für die gesamte Tour bzw. Tagesetappe. Eine detailliertere Gliederung mit Zwischenwerten ist aus dem Höhenprofil ersichtlich. Die Werte sind weder besonders üppig noch zu knapp bemessen, orientieren sich also an berggewohnten Wanderern, die mit den Schwierigkeiten gut zurechtkommen. Als Faustregel werden je nach Gelände im Aufstieg rund 300 bis 400 Höhenmeter pro Stunde zugrunde gelegt, im Abstieg etwa das 1,5-fache. In der Praxis kann es aber – je nach Fitness und Leistungsvermögen – eine erhebliche Streuung geben, nicht zuletzt durch wetter- oder geländebedingte Erschwernisse (z.B. Hitze, Nässe). Auch Faktoren wie Rucksackgewicht und Gruppengröße wirken sich auf das Marschtempo aus. Jeder sollte daher nach einigen Erfahrungen mit dem Buch seinen persönlichen »Zeitmaßstab« berücksichtigen.

Höhenunterschiede

Die Angabe bezieht sich ebenfalls auf die gesamte Tour bzw. Etappe. Hierbei ist sämtliches Auf und Ab so genau wie möglich und sinnvoll eingerechnet. Natürlich werden die Werte etwas gerundet, zumal es auf den »letzten Meter« ohnehin nicht ankommt.

Anforderungen

Dieser sehr wichtige Punkt gibt über Beschaffenheit der Wege bzw. des Geländes, über besonders relevante

Schwierigkeiten sowie an Begeher gestellte Voraussetzungen hinsichtlich Trittsicherheit, Schwindelfreiheit, Orientierungsvermögen und Ausdauer Auskunft. All dies gründet sich allein auf objektive Kriterien und daher immer auf die Annahme günstiger Verhältnisse. Dass beispielsweise schlechtes Wetter die Anforderungen merklich erhöhen kann, muss jeder selbst einkalkulieren.

Die Summe dieser Fakten bestimmt die Gesamteinschätzung, die einerseits durch die Anwendung der differenzierten, vom Schweizer Alpenclub (SAC) etablierten Wanderskala und andererseits durch die Farbe der Tourennummer respektive bei den Etappendaten gekennzeichnet wird. Dabei bezieht sich die Gesamtbewertung stets auf die vollständige Tour, während Teilstrecken durchaus leichter sein können (interessant vor allem für weniger ambitionierte Wanderer im Hinblick einer flexiblen Tourenplanung). Farblich werden drei Anforderungsniveaus unterschieden:

▶ **Leicht**
Bergwanderung auf gut ausgebauten und markierten Wegen von meist nur mäßiger Steilheit. Passagen in abschüssigem Gelände sind selten. Besondere Bergerfahrung ist nicht notwendig, allerdings kann manchmal ein Grundmaß an Trittsicherheit angezeigt sein.

▶ **Mittel**
Wege und Bergpfade, die solide Trittsicherheit erfordern, in ausgesetztem Terrain auch Schwindelfreiheit. Sie sind in der Regel ausreichend markiert, weisen aber nicht selten schmalen Verlauf auf und können stellenweise gesichert sein. Der Gebrauch der Hände ist aber allenfalls unterstützend notwendig, klettern im eigentlichen Sinn muss man nicht. Kommen weglose oder schlecht markierte Abschnitte vor, ist Orientierungssinn gefragt. Im alpinen Gelände nimmt die Abhängigkeit von den herrschenden Verhältnissen zu, was alles in allem ein gewisses Maß an Bergerfahrung verlangt.

▶ **Schwierig**
Anspruchsvollere Bergtouren in oft hochalpinem Gelände, die streckenweise weglos bzw. unmarkiert verlaufen können. Mitunter ist Kletterei erforderlich (im unteren Schwierigkeitsgrad I, ausnahmsweise auch bis II) oder es treten klettersteigartige Passagen auf, bei bestimmten Touren auch spaltenarme Gletschertraversen. Absolute Trittsicherheit und Schwindelfreiheit sind ebenso unerlässlich wie umfassende alpine Er-

Ein Motiv für den Kalender: der Seebensee gegen das Zugspitzmassiv.

Versteckte Perlen wie der Kogelsee in den Lechtaler Alpen wollen erst einmal aufgespürt werden.

fahrung. Aufgrund von Höhe und Schwierigkeit der Ziele ist hier die Abhängigkeit von Wetter und Verhältnissen besonders zu beachten.

Die **Wanderskala des SAC** umfasst insgesamt sechs Stufen:

▶ **T1** Weg gut gebahnt, Gelände flach oder leicht geneigt, keine Absturzgefahr.

▶ **T2** Weg durchgehend gebahnt, Gelände teilweise schon relativ steil, Absturzgefahr nicht ausgeschlossen.

▶ **T3** Weg meist, aber nicht unbedingt überall erkennbar. Steiles Gelände, stellenweise Händeunterstützung, eventuell Sicherungen, aber keine eigentliche Kletterei. Absturzgefahr möglich.

▶ **T4** Wegspur allenfalls teilweise vorhanden, ausgesetztes Gelände, heikle Grashalden, Schrofen, stellenweise Kletterei im I. Grad, eventuell Sicherungen. Ab dieser Einstufung auch leichtere Gletschertraversen möglich.

▶ **T5** Oft weglos, einzelne Kletterstellen I bis II. Exponiertes, anspruchsvolles Gelände, steile Schrofen, eventuell Sicherungen.

▶ **T6** Meist weglos, Kletterpassagen bis II, mitunter auch anhaltend. Häufig sehr exponiertes, heikles Gelände.

Wichtiger Hinweis: Ab T3 gilt üblicherweise die Einstufung »rot«, T4 und höher korrespondiert mit »schwarz«. Damit hat man es nur selten mit vollständig »blauen« Routen zu tun, doch die detaillierten Angaben zu den Etappen erlauben doch eine Identifizierung tendenziell leichterer Touren. Relativ häufig bewegen wir uns im Grenzbereich zwischen »rot« und »schwarz«, sodass mitunter nur Nuancen den Ausschlag zu der einen oder anderen Seite geben.

Maximale Höhe
Eine kurze, aber durchaus interessante Info, um zu sehen, welche Höhenlage die gewählte Tour erreicht. Manchmal erhält sie besondere Relevanz, wenn wir im Wetterbericht das Stichwort »Schneefallgrenze« aufschnappen.

Einkehr/Übernachtung
In ablaufgerechter Reihenfolge werden alle Hütten, Gasthäuser und Jausenstationen, die am Weg liegen, aufgezählt. Bei den Stützpunkten mit Nächtigungsmöglichkeit sind die Bewirtschaftungszeiten unter dem Vorbehalt angegeben, dass diese in der Praxis von Jahr zu Jahr etwas variieren können. Um Erkundigungen einholen und sich gegebenenfalls für eine Übernachtung anmelden zu können, sind außerdem Telefonnummern aufgeführt.

Varianten
Hinweise auf andere Gestaltungsmöglichkeiten werden in kompakter Form gegeben. Das kann eine Ausweichroute betreffen oder zusätzliche Gipfeloptionen, eine Einstiegsalternative oder wichtige Notabstiege, mitunter auch die Kombinationsmöglichkeit mit einer anderen Tour.

Karten
Eine topografische Karte gehört bei jeder Bergtour zur elementaren Grundausstattung. Die Kartengrundlage von Freytag & Berndt ist in Ausschnitten Bestandteil dieses Führers (teils von 1:50.000 auf 1:75.000 verkleinert). Die Höhenangaben sind größtenteils daraus entnommen. Wer Karten mit detailreicherer Darstellung bevorzugt, kann oftmals auf die Alpenvereinskarten

Herbstimpression bei der Franz-Senn-Hütte im Stubai.

im Maßstab 1:25.000, die viele Gebirgsgruppen Tirols abdecken, zurückgreifen.

GPS-Daten
Zu diesem Wanderbuch stehen auf www.rother.de GPS-Tracks und Koordinaten der Ausgangspunkte zum kostenlosen Download bereit:
1. Auflage, Passwort 320501szr
Aus den Tracks sind auch die Höhenprofile abgeleitet. Die Wegpunkte findet man korrespondierend in Profil, Kartenausschnitt und Routenbeschreibung wieder.
Die Tracks wurden überwiegend im Gelände erfasst und anschließend überprüft und aufbereitet. Dennoch können Fehler und Abweichungen nicht ausgeschlossen werden, weshalb man sich nie blind darauf verlassen sollte. Der Umgang verlangt zudem grundlegendes Fachwissen und eine solide Vorbereitung. Persönliches Orientierungsvermögen und der Gebrauch einer guten Karte lassen sich nicht adäquat ersetzen.

Beste Jahreszeit
Die Saison für die hier vorgestellten Touren liegen in der maximalen zeitlichen Spanne zwischen Juni und Oktober, selbstverständlich in Abhängigkeit von den herrschenden Bedingungen. So kann ein schneereicher Winter den Beginn der Tourensaison hinauszögern und herbstlicher Schneefall ihr Ende beschleunigen. Für hochalpine Unternehmungen ist ohnehin eine kürzere Zeitspanne (etwa Juli bis September) anzunehmen, denn das Auftreten von Altschneefeldern ist ein ausgesprochen sicherheitsrelevanter Aspekt. Seien Sie also im frühen Sommer nicht zu ungeduldig und warten Sie lieber günstige Verhältnisse ab. Da wir auf Hütten angewiesen sind,

Gipfelstürmer werden in diesem Buch reich bedient, zum Beispiel mit der Kreuzjochspitze im Verwall.

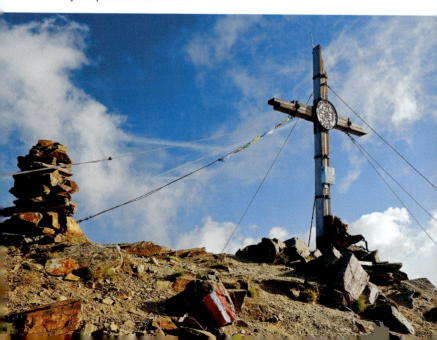

Ziemlich abgeschieden: das Württemberger Haus in den Lechtaler Alpen.

Willkommene Einkehr: auf der Steiner Hochalm im Kaisergebirge.

tragen außerdem die Öffnungszeiten maßgeblich zur Definition der Tourensaison bei. Meist werden zwischen Mitte September und Mitte Oktober die Pforten geschlossen; danach stehen fallweise noch Winterräume zur Verfügung. Man informiere sich also besonders im Herbst über die aktuelle Situation.

Ausrüstung

Für das Gros der Touren gilt die normale Bergwanderausrüstung, die an dieser Stelle als bekannt vorausgesetzt wird – auf etwaige Besonderheiten wie Steigeisen oder Klettersteigset wird explizit verwiesen. Neben bergtauglichem, robustem Schuhwerk denke man insbesondere an warme, wetterfeste Kleidung, denn selbst an warmen Sommertagen kann es morgens und abends in der Höhe empfindlich kühl sein. Regenschutz einschließlich Rucksackhülle ist auch bei guter Wetterprognose obligatorisch. Je nach Wetterlage wird man andererseits auch mal um eine kurze Hose froh sein. Da wir mehrere Tage unterwegs sind, kommt Wechselwäsche (nach persönlichem Gutdünken) sowie Wasch- und Hygienezeug mit in den Rucksack. Für die Übernachtung ist ein Hüttenschlafsack Pflicht. Kleinkram wie Wanderkarte, Handy, Taschen- bzw. Stirnlampe, Messer, Sonnenschutz (Creme, Brille und Kappe), Mülltüte und eine kleine Notfallapotheke nicht vergessen!

Man achte jedoch darauf, sich nicht wie einen Maulesel zu bepacken, denn ein schwerer Rucksack kann den Wandergenuss doch sehr einschränken. »So viel wie nötig, so wenig wie möglich«, lautet gleichsam das Motto. Eine gut gefüllte Trinkflasche ist natürlich essenziell, doch meint es manch einer beim Proviant womöglich zu gut. Anhand des Tourenverlaufs ergeben sich unterwegs manchmal zusätzliche Einkehrmöglichkeiten, sodass wir unseren tatsächlichen Bedarf ganz realistisch einschätzen sollten. Eine Art »Notration« sollte freilich immer dabei sein.

Öffentliche Verkehrsmittel

Gerade an Wochenenden führt das erhöhte Verkehrsaufkommen in touristischen Gebieten bzw. auf den wichtigen Zubringern immer wieder mal zu Staus. Wer diesen Stressfaktor vermeiden möchte, tut gut daran, mit Bahn und Bus anzureisen. Die allermeisten Touren sind prinzipiell mit öffentlichen Verkehrsmitteln durchführbar. Nur in wenigen

Nur mit einer gewissen Muße lassen sich die Höhensteige genießen.

Fällen muss noch ein zusätzlicher Marsch in Kauf genommen werden, um zum eigentlichen Ausgangspunkt zu gelangen. Bei Streckenwanderungen mit abweichendem Endpunkt ist man gegebenenfalls sogar flexibler. Allerdings macht es zu normalen Tageszeiten auch keine Probleme, mit den »Öffis« zum abgestellten Auto zurückzukehren. In jedem Fall erscheint es ratsam, sich vorab um die Fahrpläne zu kümmern, z.B. unter www.vvt.at.

Hüttenübernachtungen

Die Durchführung der vorgestellten Touren basiert entscheidend auf Hüttenübernachtungen, denn es ist ja gerade der tiefere Sinn, dass auf Zwischenabstiege in die Täler verzichtet werden soll. Teilweise beziehen wir in Alpenvereinshäusern Quartier, gelegentlich auch in privat geführten Unterkünften, die von der Almhütte bis zum komfortablen Gasthaus reichen können. Neben aller erhofften Gemütlichkeit und Geselligkeit erfordert diese (für Gelegenheitswanderer vielleicht ungewohnte) Praxis die Berücksichtigung gewisser Regeln und Gepflogenheiten.

▶ Da die Privatsphäre naturgemäß Einschränkungen erfährt, sind alle Gäste zur gegenseitigen Rücksichtnahme aufgerufen. Hüttenruhe besteht in der Regel zwischen 22 und 6 Uhr.

▶ Auch wenn nach und nach viele Hütten modernisiert werden und man dabei den gestiegenen Ansprüchen der Gäste Rechnung trägt, so können die sanitären Standards nicht überall wie in Talquartieren gewährleistet werden. Das erfordert eine gewisse Akzeptanz. Eine Dusche zum Beispiel darf zwar fallweise als willkommen angenommen, sollte

aber nicht erwartet werden.
▶ Die Verwendung eines Hüttenschlafsacks ist – zumindest auf Alpenvereinshütten – obligatorisch.
▶ Schlafräume dürfen nicht mit Bergschuhen betreten werden.
▶ In der Hütte besteht Rauchverbot. Eigener Abfall soll nicht zurückgelassen werden.
▶ Einige Hüttenwirte wünschen heutzutage eine Reservierung, entweder über die angegebene Telefonnummer oder über die Homepage. Manchmal wird auch eine Anzahlung verlangt, speziell bei Gruppen. Reservierungspraxis und Stornobedingungen werden aber derzeit sehr unterschiedlich gehandhabt.
▶ In jedem Fall ist rechtzeitig telefonisch abzusagen, falls man verhindert ist, damit die Schlafplätze anderweitig vergeben werden können. Die Vorbestellung auf mehreren Hütten für den gleichen Termin kommt im Übrigen einer Unverschämtheit gleich – das muss in aller Deutlichkeit gesagt werden!
▶ Auf Alpenvereinshütten erhalten Mitglieder ermäßigte Nächtigungspreise. Nichtmitglieder müssen ungefähr mit dem Doppelten rechnen.
▶ Auf Hütten kann man sich in der Regel voll verpflegen. Die Angebotspalette hat ihre Tradition in regionaler Hausmannskost, kann aber im Einzelfall sehr unterschiedlich ausfallen. Zunehmend wird auch Halbpension offeriert, allerdings nicht – wie beispielsweise in der Schweiz üblich – als obligate Methode. Es gilt wieder die Akzeptanzregel, denn Berghütten sind nicht mit Talhotels zu vergleichen!
▶ Essenszeiten werden von den Hüttenwirten individuell festgelegt. Meist gibt es Frühstück ab 7 oder 7.30 Uhr (bei hochalpinem Umfeld bzw. nach Absprache eventuell auch früher), Abendessen ab 18 oder 18.30 Uhr.
▶ Selbstversorgung ist offiziell nur

Die Kaunergrathütte geht auf Tuchfühlung mit der stolzen Watze.

So exponiert wie an der Ehrwalder Sonnenspitze sind nur ganz wenige Routen in unserer Auswahl. Hier wird der Wanderer zum Bergsteiger.

Alpenvereinsmitgliedern gestattet, der Genuss mitgebrachter Alkoholika stets verboten.

Gefahren

Das Gebirge birgt vielfältige Gefahren, für die man erst mit reifender Fähigkeit zur Selbsteinschätzung und vertiefter Beschäftigung mit den Naturelementen ein Gespür bekommt. Allgemein wird dies mit dem Begriff »Bergerfahrung« umschrieben. Nachfolgend einige der wichtigsten Gefahrenpotenziale, die man im Auge haben muss:

▶ Am offensichtlichsten ist meist die Ausrutsch- bzw. Absturzgefahr. Ruhige, konzentrierte Fortbewegung ist daher im ausgesetzten Gelände oberstes Gebot. Wer sich nicht schwindelfrei weiß, hat diesem Umstand bereits bei der Tourenauswahl Rechnung zu tragen.

▶ Leicht zu unterschätzen sind hartgefrorene Schneefelder, die schon bei relativ geringer Neigung zu bösen Unfällen führen können. Gut, falls man ausrüstungstechnisch vorgesorgt hat (Steigeisen und/oder Pickel). Besser noch, man begeht die Routen erst nach vollständiger Ausaperung. Kommt es zum Ausgleiten, sofort reagieren und in die bremsende Liegestützhaltung gehen, bevor der Körper Beschleunigung aufnimmt.

▶ Bei Nässe werden Schrofen und steile Grashänge besonders tückisch.

▶ Steinschlaggefährdete Passagen sollten, falls nicht vermeidbar, rasch aber konzentriert begangen werden. Auf Klettersteigen sind Selbstsicherung und Helm üblich.

▶ Wegmarkierungen bilden normalerweise die sichere Leitlinie durchs Gebirge, auf die wir als Bergwanderer vertrauen. Sie können aber mitunter spärlich oder im Extremfall gar nicht mehr vorhanden sein. Ebenso kann man sie aus Unacht-

samkeit oder aufgrund schlechter Sichtbedingungen schon mal verlieren. Im Zweifel sollte man nicht blindlings durchs Gelände tapsen, sondern wieder zum letzten bekannten Punkt zurückgehen. Weglose Touren sind nur vertretbar, sofern man das Gelände überblickt und weiß, dass keinerlei Unwägbarkeiten auf einen zukommen.

▶ Unter den Wettergefahren stehen Gewitter an oberster Stelle, zumal sie sommers im Gebirge ziemlich häufig sind. Neben Blitzschlägen drohen auch die durch Starkregen verursachten mittelbaren Gefahren wie Murenabgänge etc. Durch gutes Timing (in der Regel früher Aufbruch!) und aufmerksame Wetterbeobachtung sollte man gewährleisten, vor den meist in der zweiten Tageshälfte auftretenden Gewittern wieder im Tal oder in der Hütte zu sein.

▶ Die meisten Probleme bei Bergwanderungen treten vermutlich durch konditionelle Selbstüberschätzung auf. Vor allem Hitze macht vielen arg zu schaffen. Man sollte seine Leistungsfähigkeit kritisch hinterfragen und sich nicht überfordern. Wichtig ist, viel zu trinken. Unter Umständen begnüge man sich lieber mit einem kleineren Zwischenziel, anstatt die Tour unter Qualen fortzusetzen.

Notfall/Bergrettung

Falls man trotz aller Vorsicht in eine Notsituation gerät, gilt es nicht in Panik zu verfallen, sondern ruhig und überlegt zu handeln. Verletzten ist zunächst Erste Hilfe zu leisten. Mit einem Mobiltelefon lässt sich am einfachsten direkt die Bergrettung verständigen.

▶ Allgemeine europäische Notrufnummer: 112
▶ Bergrettung in Österreich: 140

Falls keine Mobilfunkverbindung zur Verfügung steht, dient das internationale alpine Notsignal dazu, auf sich aufmerksam zu machen. Es besteht aus einem optischen oder akustischen Zeichen, das sechsmal in der Minute in regelmäßigen Abständen gegeben und mit jeweils einer Minute Pause dazwischen wiederholt wird, bis eine Antwort kommt. Diese besteht aus dreimaligem Zeichen innerhalb einer Minute.

Über Gletscherschliffe stieben die Wildbäche.

Verwallgruppe

1 Paznauner Höhenweg im Verwall

Mit Ludwig-Dürr- und Hoppe-Seyler-Weg ★★★

Anspruchsvolle Übergänge im Reich wilder Urgesteinsgipfel
Zwischen Arlbergregion (mit der Achse Stanzertal – Klostertal), dem Paznaun sowie dem Montafon bildet das Verwall ein auf dem Kopf stehendes Dreieck, je hälftig zu Tirol und Vorarlberg gehörend. Die Popularität anderer zentralalpiner Gebirgsgruppen hat es nie erlangt, obwohl sich der passionierte Bergwanderer hier auf eine Höhenwegkette der Extraklasse begeben kann. In unserem dreieinhalbtägigen Rahmen bilden der verwinkelte Ludwig-Dürr-Weg zwischen Friedrichshafener und Darmstädter Hütte sowie der anschließende, nicht minder spannende Hoppe-Seyler-Weg hinüber zur Niederelbehütte den Kern. Diese Routen erreichen in ihrer Kategorie schon ein beachtliches Niveau und sprechen damit die standfesten, routinierten Berggänger an. Die Begleitumstände sind oft rau, das Ambiente entsprechend urtümlich. Denn gerade in der Tiroler Osthälfte des Verwall sorgen widerstandsfähige Gneise und Hornblendegesteine für kantige, dunkelfelsige Gipfelgestalten, die ziemlich wild dreinschauen. Auf unseren Übergängen hoch über der Talschaft des Paznaun gehen wir damit gleichsam auf Augenhöhe, kratzen wiederholt an der 3000-Meter-Marke und knacken diese mit dem Seitensprung auf die Saumspitze einmal sogar. Doch eines sei unterstrichen: Die Tour ist keinesfalls zu unterschätzen!

Erster Anlaufpunkt ist die hübsch gelegene Friedrichshafener Hütte.

Das saftige Gras der Bergwiesen wird bald unter uns zurückbleiben …

KURZINFO

Ausgangspunkt: Wanderparkplatz beim Weiler Piel, 1540 m, zwischen Mathon und Galtür im inneren Paznauntal. Buslinie von Landeck.

Endpunkt: Bergstation der Diasbahn, ca. 1830 m, von Kappl im Paznauntal. Betriebszeiten zwischen 8.30 und 16.45 Uhr. Per Bus zurück in die Nähe des Ausgangspunktes.

Etappendaten:
- ▶ **1. Tag:** 600 Hm↑ 1.45 Std.
- ▶ **2. Tag:** 1270 Hm↑, 1030 Hm↓, 7.15 Std.
- ▶ **3. Tag:** 1200 Hm↑, 1270 Hm↓, 7.15 Std.
- ▶ **4. Tag:** 670 Hm↑, 1150 Hm↓, 5.30 Std.
- ▶ **Gesamt:** 3740 Hm↑, 3450 Hm↓, 21.45 Std.

Anforderungen: Über weite Strecken anspruchsvolle alpine Höhenwege, speziell auf der 2. und 3. Etappe, die mit T4 zu bewerten sind (am Dürrweg bei schwierigen Verhältnissen stellenweise sogar gegen T5). Überwiegend steiniges Gelände, wiederholt Steilpassagen, ggf. auch mal mit unterbrochener Trasse und jahreszeitlichen Erschwernissen durch Schneefelder. Die Gletscherpassage nördlich des Rautejöchle entfällt seit dem Felssturz dort; die Route wurde umgeleitet (im Gelände signalisiert). Auch die beiden zusätzlichen Gipfelanstiege verlangen Trittsicherheit, wobei die Kreuzjochspitze mit T3+ noch eher »rot« ausfällt. Insgesamt nur für erfahrene, robuste Bergwanderer bei guten äußeren Bedingungen!

Maximale Höhe: Saumspitze, 3039 m, bzw. Kreuzjochspitze, 2919 m, sonst am Ludwig-Dürr-Weg, ca. 2900 m.

Einkehr/Übernachtung:

1. Tag: Friedrichshafener Hütte, 2138 m, DAV, Mitte Juni bis Anfang Oktober, Tel. +43 676 7908056.

2. Tag: Darmstädter Hütte, 2384 m, DAV, Ende Juni bis Mitte September, Tel. +43 699 15446314.

3. und 4. Tag: Niederelbehütte, 2310 m, DAV, Ende Juni bis Ende Sep-

Die Höhenwege im Verwall sind oft steinig und zuweilen anspruchsvoll.

tember, Tel. +43 676 4152355.
4. Tag: Alpengasthof Dias, 1863 m, und Sunny Mountain Restaurant (bei der Bergstation).
Varianten: Der Ludwig-Dürr-Weg lässt sich (etwas umständlich) via Schafbichljoch – Fasultal – Kuchenjoch umgehen, der Hoppe-Seyler-Weg über Speicher Kartell – Seßladjoch. Beide Alternativen T3 (rot).
Karten: AV-Karte 1:25.000, Blatt 28/2 »Verwallgruppe – Mitte«. Freytag & Berndt 1:50.000, Blatt 254 »Landeck – Reschenpass – Samnaungruppe – Paznaun«.

1. Tag: Ab Parkplatz bei **Piel (1)**, 1540 m, beginnt die Wanderung kurzzeitig auf einem Wirtschaftsweg, doch wählt man alsbald den abkürzenden Steig, der zunächst im Valzurer Wald aufwärtszieht. Weiter oben lichtet sich die Umgebung zusehends. Wir kreuzen mehrmals den Fahrweg, nutzen aber stets die effektiven Abkürzungen und drehen auf rund 1900 Metern deutlich nach Westen ab. In steindurchsetzten Matten geht es ohne weitere Besonderheiten bis zur **Friedrichshafener Hütte (2)**, 2138 m.

2. Tag: Im begrünten Gelände der Muttenalpe vorerst auf angenehmem Weg schräg rechts mäßig steil aufwärts in den Lumpaschadkessel. Dort an einem Seeauge vorbei und etwas steiler und schuttreicher mit einigen Serpentinen zum **Matnaljoch (3)**, 2666 m. Jenseits geht es ein Stück weit ins Schnee- bzw. Blockkar hinab, um dieses im Bogen bis unter die Karkopfnase zu traversieren. Dahinter durch eine steile Karbucht mühsam bergauf. Der dürftige Steig schwenkt oben nach

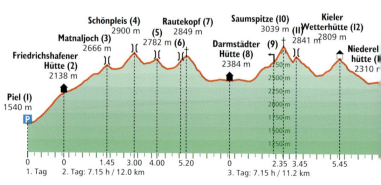

Unterwegs im Hinteren Kartell, wo die Darmstädter Hütte am Fuß der Faselfadspitzen ihren Standort hat.

rechts und gewinnt meist über Schneefelder den **Schönpleis-Übergang (4)**, ca. 2900 m, am höchsten Punkt des Ludwig-Dürr-Weges. Nordseitig erwartet uns ein sehr steiler Abstieg über Feinschutt und Schnee, bevor links haltend instabile Blockhalden gequert werden müssen (abgerutschte Trasse). Auf den Resten eines Dauerfirnfeldes hat man meist weniger Schwierigkeiten, doch folgen unterhalb des Südlichen Schönpleiskopfes weitere heikle Traversen und eingelagerte kernige Bergauf-Passagen, ehe man auf besserer Spur bandartig den **Zwischengrat (5)**, 2782 m, erreicht. Drüben abermals steil bergab und ins Kar unter dem Nördlichen Schönpleiskopf, dessen Osthang es zu durchqueren gilt. Nachdem die Blockfelder und zwei, drei Reis'n hinter uns liegen, führt die letzte wesentliche Gegensteigung in guten Kehren zum **Rautejöchle (6)**, 2752 m, hinauf. Ursprünglich verlief die Route über einen morschen Felsriegel auf den nordseitigen Gletscher und über diesen ins Hintere

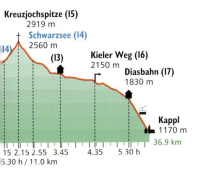

Kartell hinab. Aufgrund eines massiven Felssturzes wurde jedoch eine Sperrung jüngst unumgänglich, stattdessen ist nun eine Umleitung über den **Rautekopf (7)**, 2849 m, signalisiert. Instabiles Blockwerk ge-

mahnt allerdings auch hier zur Vorsicht. Man überschreitet den Gipfel und steigt dann in die Karmulde am Nordfuß des Rauteturms ab, um dort auf den Advokatenweg (Nr. 502) zu treffen. Auf diesem in Kehren tiefer und mittels längerer Traverse ins Hintere Kartell. Mit einem großen Bogen laufen wir schließlich von der Westseite bei der **Darmstädter Hütte (8)**, 2384 m, ein.

3. Tag: Zunächst gehen wir den Bogen durchs Hintere Kartell erneut aus und folgen dem »502er« in leichtem Auf und Ab gen Osten, zwischendurch den Gletscherbach kreuzend. Der Weg ist bereits recht blockig und steigt nun an einem Hang in Kehren an. Man kommt in die höheren Kare voran (eventuell Firnfelder), passiert derweil den Abzweig zur Doppelseescharte und entdeckt auf rund 2740 Metern **(9)** den Abzweig zur Saumspitze. Wer den Abstecher wahrnehmen möchte, folgt den Steigspuren und roten Punkten über Blockwerk, Schutt und zunehmende Felspassagen und

Verwallgruppe

2841 m. Jenseits durch die obere Karbucht recht weit ins Vergröß hinab, wobei Blockpassagen und grasige Hänge einander abwechseln. Wir umkurven die Fatlarspitze an ihrem südlichen Sockelfels und gewinnen allmählich wieder an Höhe – zwischendurch über Bänder und später in aufsteilendem Gelände bis in die **Obere Fatlarscharte (12)**, 2809 m, dem Standort der winzigen **Kieler Wetterhütte** (Notunterschlupf). Auf der Nordseite geraten wir anschließend in ziemlich mürbe Steilhänge, wo bis weit in den Sommer hinein auch Schneefelder überdauern. Der Steig hält vorübergehend auf die scharfen Fatlarzähne zu, schraubt sich dann allmählich besser gefügt bergab und läuft in den begrünten Bereich des Oberfatlar hinein. Nach der nächsten Geländestufe geht es an der linken Seite entlang und nochmals kurz ansteigend zum **Gseßgrat**, 2340 m. Nur wenige

ersteigt die **Saumspitze (10)**, 3039 m, somit über ihre Westflanke. Ansonsten führt unsere Hauptroute über einen schuttigen Steilhang weiter ins **Schneidjöchl (11)**,

Hochalpine Szenerie: die Küchlspitze im Morgenlicht.

Kunstvoller »Torbogen« am Gipfel der Saumspitze.

Gehminuten dahinter empfängt uns die Niederelbehütte (13), 2310 m.
4. Tag: Vor dem Schlussabschnitt soll heute noch die Kreuzjochspitze aufs Programm gesetzt werden. Von der Niederelbehütte dem entsprechenden Hinweis folgend am nahen See vorbei ins Gseß, bei einer Gabelung rechts und nach geringem Zwischenabstieg über einen Rücken zu einem weiteren Karboden. Hier rechts um die Südgratausläufer herum in die Wurmiger, wo man gegen den Schwarzsee (14), 2560 m, ansteigt. Kurz davor scharf links über ein Blockfeld in den sogenannten Geißgarten und mit einem Rechtsknick teils etwas ausgesetzt auf den Südrücken unseres Berges. Dieser Rücken ist breit und zunächst noch grasig, geht gipfelwärts aber in einen aufsteilenden Blockschutthang über. Am linken Rand etwas mühsam empor und zum höchsten Punkt der Kreuzjochspitze (15), 2919 m.

Zurück bei der Niederelbehütte (13) nehmen wir zum Abschluss den Kieler Weg auf. Am kaskadenartigen Abfluss des Gseßsees mit einigen Kehren abwärts, danach hinüber Richtung Obere Seßladalpe. Unsere Trasse schneidet nun ein ganzes Stück die Hänge, bevor wir nach einer Abwärtspassage unterhalb der Karlestürme aus dem Kieler Weg ausscheren (16), ca. 2150 m. Wir queren das Sterterkar nun etwas tiefer und stoßen auf die ersten Anlagen des Kappler Skigebiets. Nachdem ein Waldareal schräg abwärts durchschritten ist, klingt die Tour am Alpengasthof Dias und dem Erlebnispark vorbei bei der Diasbahn (17), ca. 1830 m, aus. Mit der Gondel sind wir wenige Minuten später im Tal bei Kappl.

Oben: Am 3. Tag fordert der Hoppe-Seyler-Weg unsere Marschtüchtigkeit.
Unten: Kantige Felskulissen prägen das Verwall, hier beim Aufstieg von der
Niederelbehütte zur Kreuzjochspitze.

Lechtaler Alpen

2 Am westlichen Lechtaler Höhenweg

Vom Arlberg bis nach Schnann ★★

Eine Handvoll Bergnester hoch über dem Stanzertal

Als gut einwöchiges Hüttentrekking hat der abwechslungsreiche Lechtaler Höhenweg schon viele Menschen begeistert. Aber auch in kleinere Portionen zerlegt, lässt er sich fein genießen. Verbindet man zum Beispiel die Hütten oberhalb des Stanzertals miteinander, ist die Logistik besonders einfach. Wir können zum Einstieg sogar eine Seilbahn nutzen und befinden uns dann rasch auf dem eigentlichen Lechtaler Höhenweg. Dieser besitzt abschnittsweise durchaus gehobene Anforderungen, aber doch stets im verträglichen Rahmen für den routinierten Bergwanderer. Ulmer Hütte, Leutkircher Hütte, Kaiserjochhaus und Ansbacher Hütte fädeln sich wie an einer Perlenkette auf und ermöglichen individuellen Spielraum, mit oder ohne Gipfelabstecher. Wer ausdauernd ist, kann das vorgestellte Programm durchaus an zwei gut ausgefüllten Tagen bewerkstelligen und wird dann am besten im Kaiserjochhaus übernachten. Unzählige Perspektivwechsel und ein paar knifflige Passagen garantieren einen kurzweiligen Verlauf. Zudem fasziniert stundenlang die weite Schau bis in die Zentralalpen. Auf diese Art möchte man eigentlich am liebsten immer weiterlaufen, anstatt von der Ansbacher Hütte ins Tal abzusteigen …

Die weite Kammsenke des Almajurjochs mit der Leutkircher Hütte und dem Gratzug um Weißschrofenspitze und Valluga im Hintergrund.

Im Kaiserjochhaus beziehen wir vorteilhaft Quartier.

KURZINFO

Ausgangspunkt: St. Anton am Arlberg, 1284 m, Talstation der Galzigbahn (Bergstation auf 2082 m). Betriebszeiten zwischen Anfang Juli und Ende September, täglich von 8.15 bis 16.30 Uhr. Anreise in den Talort per Bahn möglich.
Endpunkt: Schnann, 1186 m, im Stanzertal. Direkte Busverbindung zurück nach St. Anton.
Etappendaten:
▶ **1. Tag:** 1100 Hm↑, 870 Hm↓, 6 Std.
▶ **2. Tag:** 750 Hm↑, 1870 Hm↓, 7 Std.
▶ **Gesamt:** 1850 Hm↑, 2740 Hm↓, 13 Std.
Anforderungen: Abwechselnd normale Bergwege und relativ anspruchsvolle Passagen in abschüssigem, felsdurchsetztem Gelände, vor allem im Bereich Bacheregg, bei den Traversen von Grießkopf und Vorderseespitze sowie an der Samspitze. Hier gute Trittsicherheit nötig; bei feuchten Bedingungen gilt dies teils auch für erdige Wegabschnitte, etwa zwischen Leutkircher Hütte und Kaiserjochhaus. Häufig T3–Gelände, mitunter auch T3–4 und damit schon »dunkelrot«. Zwei gut ausgefüllte Touretage erfordern Ausdauer – man kann das Programm aber auch mit zusätzlicher Übernachtung entzerren.
Maximale Höhe: Samspitze, 2624 m.
Einkehr/Übernachtung:
1. Tag: Bergrestaurant Galzig, 2082 m. Ulmer Hütte, 2279 m, DAV, Anfang Juli bis Mitte September, Tel. +43 5446 30200. Leutkircher Hütte, 2252 m, DAV, Ende Juni bis Ende September, Tel. +43 664 9857849. Kaiserjochhaus, 2310 m, DAV, Ende Juni bis Ende September, Tel. +43 664 1556533.
2. Tag: Ansbacher Hütte, 2376 m, DAV, Ende Juni bis Ende September, Tel. +43 676 842927136. Fritzhütte, 1727 m, privat, Tel. +43 650 6343078.
Varianten:
1. In St. Anton Einstieg mit der Gampen- und Kapallbahn. Oberhalb rechts schwenkend Richtung Bacheregg, wo in die Höhenroute eingefädelt wird. Damit verkürzt man die 1. Etappe auf gut 3.30 Std. Wer hingegen auf Seilbahnen

An der Kridlonscharte öffnet sich der Blick auf den Hintersee.

verzichten möchte, kann von St. Christoph am Arlberg in 1 Std. zur Galzig-Bergstation oder in 1.30 Std. direkter zur Ulmer Hütte zusteigen.

2. Von der Leutkircher Hütte aus lässt sich der Stanskogel, 2757 m einbeziehen. Markierter Aufstieg, im oberen Teil felsdurchsetzt. Bewertung T3+, 1.30 Std. Beim Abstieg gibt es vor dem Hirschpleiskopf eine effektive Abkürzungsmöglichkeit zum Lechtaler Höhenweg.

3. Zusätzliche Besteigung des Grießkopfes, 2581 m, über die Südwestflanke auf steilem Schuttsteig mit einer Kraxelstelle am Anfang (T3). Aufstieg ab Kaiserjochhaus 45 Min., retour 30 Min. Noch etwas rascher ist der südlich vorgelagerte Malatschkopf, 2388 m, zu erreichen.

4. Vom Alperschonjoch auf dem originalen Lechtaler Höhenweg via Flarschjoch um die Samspitze herum (150 Hm und 45 Min. weniger).

Karten: AV-Karte 1:25.000, Blätter 3/2 »Arlberggebiet« und 3/3 »Parseierspitze«. Freytag & Berndt 1:50.000, Blatt 351 »Allgäuer und Lechtaler Alpen«.

Das Alperschonjoch, Zwischenziel beim Übergang zur Ansbacher Hütte.

1. Tag: Von der **Galzig-Bergstation (1)**, 2082 m, passieren wir den Gipfelaufbau rasch auf seiner Ostseite, durchschreiten mit etwas Gefälle den Arlensattel und folgen dem Fahrweg nun kräftig aufwärts zur **Ulmer Hütte (2)**, 2279 m, die noch mitten im Skigebiet liegt. Auch hinauf zum **Valfagehrjoch (3)**, 2543 m, sind wir hauptsächlich auf einer Schotterpiste bzw. knapp daneben unterwegs. Hier wendet man sich nach rechts zum fast gleichhohen **Matunjoch**, in dessen Nähe der Arlberger Klettersteig beginnt. Wir traversieren den Felskamm freilich am südseitigen Sockel entlang der Schutthalden, die ab und zu von kurzen Felsstellen durchbrochen sind. Zunächst geht es ein Stück weit abwärts, anschließend fast eben gegen Osten dahin. Wo der Einstieg des Klettersteigs zur Weißschrofenspitze abzweigt, lässt man den Kapall unterhalb liegen und steigt nach weiteren Schotterquerungen zum **Bacheregg (4)**, ca. 2490 m, wieder sukzessive aufwärts. Dabei wird es vorübergehend felsiger und abschüssiger (einzelne Sicherungen). Beim folgenden windungsreichen Abstieg kommt der nächste Zugang vom Kapall dazu, bevor man die Kuppe des Bachers passiert und sich dem weiten **Almajurjoch**, 2237 m, nähert. Hier noch

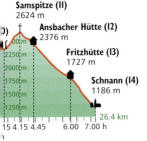

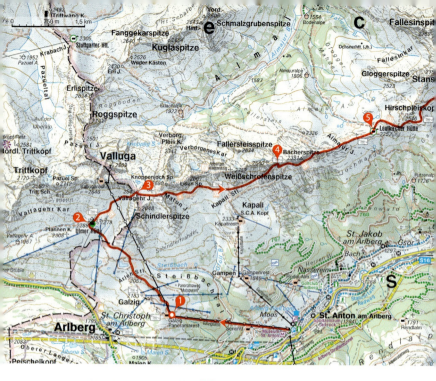

etwas wellig dahin und zur **Leutkircher Hütte (5)**, 2252 m.

Der Lechtaler Höhenweg setzt sich als Mattenpfad bergauf fort und schwenkt bei der Gabelung (Stanskogel-Route) über eine Grasrippe in die Südflanke des Hirschpleiskopfes. Mit einem markanten Bogen auf die Ostseite, wo eine Runse ausgegangen und die Abstiegsvariante vom Gipfel aufgenommen wird. Quer durch die Gaißwasen geht es in eine große Karmulde und gegenüber in Kehren bis zur **Schindlescharte (6)**, 2440 m, zwischen Bergleskopf und Schindlkopf, die beide theoretisch mitgenommen werden können (auf dem Wegweiser mit 5 bzw. 30 Min. angeschrieben). Jenseits der Scharte wird durch steile, von Runsen durchzogene Flanken eine Hangmulde ausgegangen, schließlich noch der **Kaiserkopf**, 2396 m, überschritten, ehe man mit einigen Serpentinen beim **Kaiserjochhaus (7)**, 2310 m, eintrifft.

2. Tag: Von der Hütte zum nahen Wiesensattel, wo die Steige zum Grießkopf und Malatschkopf abzweigen. Dahinter wird es bald recht anspruchsvoll, denn die Grießkopf-Flanke präsentiert sich mit abschüssigem und zerschlissenem Geschröf. Danach leitet die Route wieder in leichteres, grasiges Terrain. Auf erdiger Trasse kommt man rascher voran, umwandert den Kreuzkopf und erreicht leicht ansteigend die **Kridlonscharte (8)**, 2371 m, mit verblüffendem Blick auf den Hintersee. Auf der Nordseite geht es nach ein paar gesicherten Metern rechts in die Schutthalden hinein. Wir büßen dort kaum an Höhe ein und die Spur lässt sich gut begehen, außer vielleicht an einzelnen Rüfen. Sie führt zu einer Verzweigung unterhalb des **Hintersee-**

jöchl (9), 2482 m, und dann mit ein paar steilen Kehren auch in die Scharte empor. Jenseits verliert man bis in die Verborgene Pleis einiges an Höhe. Der Vordersee bleibt aber tiefer, während wir in die Flanken der Vorderseespitze abdrehen. Hier geht es am Thomas-Haas-Weg in steilen Schrofen erneut anspruchsvoller zu. Besonders die Querung etlicher Rinnen verlangt Konzentration und Zeit (stellenweise Drahtseile). In kleingliedrigem Auf und Ab erreicht man die Schwelle des **Alperschonjochs (10)**, 2303 m.

Wer bisher auf Gipfelzugaben verzichtet hat, sollte nun erwägen, den Lechtaler Höhenweg (Nr. 601) zu verlassen und die Samspitze nicht in großem Bogen zu umgehen, sondern zu überschreiten. Es gibt einen weithin passablen Schuttpfad hinauf zu P. 2536 am Grat, im oberen Teil allerdings auch mit Felspassagen

Typische Szenerie am Lechtaler Höhenweg.

Schafweiden bei der Ansbacher Hütte, hoch über dem Stanzertal.

durchsetzt (kurz Drahtseile). Vom Gipfel der **Samspitze (11)**, 2624 m, vollzieht sich der Abstieg längs des Südostrückens eher etwas leichter, mit nur einer felsigen Stelle. Somit laufen wir von oben her mit herrlichem Panorama bei der **Ansbacher Hütte (12)**, 2376 m, ein.
Der Hüttenweg führt windungsreich am Wiesenhang des Samberges gegen Südwesten und Westen bergab. Weiter unten tritt man in Erlenbewuchs ein, tangiert einen Graben und kommt ideal dem Gelände angepasst mit vielen Schleifen zur idyllisch gelegenen **Fritzhütte (13)**, 1727 m. Kiefernwald prägt die letzte Stunde des Abstiegs. In einer Steilpassage schraubt sich der Steig eng zwischen Felsen hindurch, ansonsten im gewöhnlichen Zickzack bis hinunter zur Ausmündung der Schnanner Klamm und in den Talort **Schnann (14)**, 1186 m.

Wegen der Aussicht lohnt die Samspitze einen kleinen Mehraufwand.

Jenseits des Stanzertals baut sich das Verwall mit dem Hohen Riffler auf.

Lechtaler Alpen

Rundtour um Gramais

3

Drei Hütten zwischen Parzinn und Medriol ★★★

Wo man das Wesen der Lechtaler Alpen aufs Beste entdeckt
Nochmals beschäftigen wir uns in diesem Kapitel ein Stück weit mit dem großartigen Lechtaler Höhenweg, unternehmen allerdings einen kompakteren Rundkurs, der in Gramais beginnt und endet. Bereits dieses kleine, abgeschiedene Bergdorf vermittelt einen trefflichen Eindruck von der Gegend. Doch die Lechtaler Alpen wissen in ihrer Verschachtelung viele ihrer Schätze gut zu verbergen und öffnen sich nur demjenigen, der auf oft steinigen Pfaden von einem Joch zum nächsten springt und dabei in einsam verschwiegene Geländekammern eintaucht. Da bestehen gute Chancen, dem Steinwild zu begegnen.
Den ersten Traumfleck gewahren wir am Kogelsee, um nachfolgend die gleichnamige Scharte hinüber ins Parzinn zu überschreiten. Dort hat die Hanauer Hütte inmitten einer fast dolomitisch anmutenden Arena ihren Platz. Der zweite Tag gestaltet sich am Lechtaler Höhenweg zweigeteilt und führt zunächst an der profilierten Dremelspitze vorbei zur Steinseehütte. Sogar drei Scharten sind hinüber zum Württemberger Haus im Medriol zu bewältigen – im Bereich von Roßkarschartl und Gebäudjöchl eine ganz schön ruppige Angelegenheit. Eine weitere Schlüsselpassage stellt der Abstieg vom Leiterjöchl am dritten Tag dar. Das splittrige Felsterrain mag schon Respekt einflößen, doch die entscheidenden Stellen erweisen sich letztlich als gut

Kleinod am 1. Tag: der zauberhafte Kogelsee.

In der Vorderen Dremelscharte tritt der Steinsee ins Blickfeld.

KURZINFO

Ausgangspunkt: Gramais, 1328 m, in einem Seitental des Lechtals, das bei Häselgehr abzweigt. Im Sommer mit dem Linientaxi zu erreichen (wenige Kurse).
Endpunkt: Wie Ausgangspunkt.
Etappendaten:
▶ **1. Tag:** 1180 Hm↑, 590 Hm↓, 5 Std.
▶ **2. Tag:** 1200 Hm↑, 900 Hm↓, 6 Std.

Farben und Formen verleihen der Landschaft eine gleichsam künstlerische Ästhetik.

gesichert. Inzwischen haben wir den Lechtaler Höhenweg wieder verlassen und stellen fest, dass dieses ausgedehnteste Gebirge der Nördlichen Kalkalpen auch abseits davon jede Menge spannender Pfade zu bieten hat. Über das Alblitjöchl wird es am Ende sogar ein wenig abenteuerlich, die Umgebung besonders wild, ehe sich der Kreis im Gramaiser Hochtal schließt. Wer gut drauf ist, kann diese tolle Tour binnen zwei Tagen mit jeweils acht- bis neunstündigen Etappen absolvieren und wird dann in der Steinseehütte übernachten. Praktikabler erscheint freilich die vorgeschlagene Dreiteilung …

▶ **3. Tag:** 720 Hm↑, 1610 Hm↓, 6 Std.
▶ **Gesamt:** 3100 Hm↑↓, 17 Std.
Anforderungen: Über weite Strecken normale Bergwege bis T3, im Bereich einiger Scharten jedoch auch Passagen erhöhten Anspruchs (steiler Schutt und gelegentlich felsig mit Drahtseilen), was insgesamt eine gute Trittsicherheit erfordert. Mehrfach also T3–4, damit an der Grenze zu »schwarz«. Im letzten Abschnitt teils nur spärlich gepfadet. Konditionell drei durchschnittliche Tagesetappen.
Maximale Höhe: Leiterjöchl, 2516 m.
Einkehr/Übernachtung:
1. Tag: Hanauer Hütte, 1922 m, DAV, Mitte Juni bis Anfang Oktober, Tel. +43 664 2669149.
2. Tag: Steinseehütte, 2061 m, ÖAV, Mitte Juni bis Ende September, Tel. +43 664 2753770. Württemberger Haus, 2220 m, DAV, Ende Juni bis Mitte/Ende September, Tel. +43 664 4401244.
Varianten: Ab Steinseehütte über Gufelgrasjoch, 2382 m, oder ab Württemberger Haus über Bitterscharte, 2535 m, zurück nach Gramais.
Karten: AV-Karte 1:25.000, Blätter 3/4 »Heiterwand – Muttekopfgebiet« und 3/3 »Parseierspitze«. Freytag & Berndt 1:50.000, Blatt 351 »Lechtaler-Allgäuer Alpen«.

Oben: Die 2. Etappe beginnt auf den Parzinnböden gemütlich.
Unten: Die Steinseehütte, eine von drei Alpenvereinshäusern auf dieser Tour.

Anfang Juli blüht der »Almrausch«.

1. Tag: Von **Gramais (1)**, 1328 m, mit Nr. 623/624 ostwärts ansteigend, nach ca. 15 Minuten den kleinen Abzweig über den Platzbach beachten und damit ins Kogelkartal hinein. Steil führt der Pfad hier zwischen Latschen und Schrofen aufwärts, wechselt später zweimal die Bachseite und bringt uns über die ausgeprägte Geländeschwelle zum zauberhaften **Kogelsee (2)**, 2171 m.

Vom Ostufer schräg ansteigend in den hintersten Winkel des Kogelkars, wo schließlich eine Reihe von Schuttkehren in die enge **Kogelseescharte (3)**, 2497 m, leiten. Jenseits auf ebenfalls abschüssigem Geröllsteig bergab zu Verflachungen und zur Gabelung bei P. 2180 nahe dem **Unteren Parzinnsee (4)**. Wir drehen ostwärts und später nordostwärts ein, verlieren auf zunehmend bewachsenem Untergrund weitere Höhenmeter und laufen von den Parzinnböden bei der **Hanauer Hütte (5)**, 1922 m, ein. Sie befindet sich direkt über dem Geländeriegel, der gegen das Angertal abbricht.

2. Tag: Für uns geht es freilich in die andere Richtung, also einwärts ins Parzinn. Bei der ersten Gabelung links, bei der zweiten rechts und – kurzzeitig neben einem Bach – vorerst sachte aufwärts. Unsere Route Nr. 601 holt deutlich nach rechts aus und kommt nach und nach in geröllreiches, teils von größeren Blöcken durchsetztes Terrain voran. Bis in den Sommer hinein können hier auch Schneefelder auftreten. Durch die zwischen Dremelspitze und Schneekarlespitze eingelagerte Karmulde nähert man sich der Westlichen bzw. **Vorderen Dremelscharte (6)**, 2434 m, von der südseitig eine steile, grimmige Rinne ausgeht. An der linken Begrenzung können wir uns an Drahtseilen über nachgie-

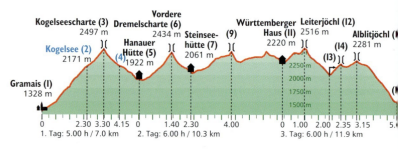

Steinböcke sind in den Lechtaler Alpen wieder häufiger anzutreffen.

bigen Schutt inklusive etlicher Felsstellen hinunterhangeln. Weiter unten fächert sich ein von schütterem Grün durchsetzter Hang auf. Wer dem stattlichen **Steinsee**, 2222 m, einen Besuch abstatten möchte, muss kurz abschweifen – ansonsten rechts eindrehend auf die Karböden und über eine Geländeschwelle zur **Steinseehütte (7)**, 2061 m.

Von dort setzt sich der Lechtaler Höhenweg (weiterhin Nr. 601) fast hangparallel am Fuß der Schneekarlespitze fort und orientiert sich dann westwärts, wo er allmählich Höhe gewinnt. Wir steuern die **Mittelkopfscharte (8)**, ca. 2315 m, an und kommen dahinter alsbald zu einer Hangquerung, die knapp unter dem Gufelgrasjoch entlangführt. In der nächsten Seitenrippe wird das **Roßkarschartl (9)**, ca. 2450 m, in ähnlicher Weise überschritten. Dabei gestaltet sich der jenseitige Abstieg in einer bröseligen Steilrinne etwas heikel, wird aber zumindest durch Sicherungen erleichtert. Man verliert im Roßkar noch ein paar Meter und setzt anschließend zu einer längeren, insgesamt leicht ansteigenden Traverse an. Im oberen Gebäudkar kommen wir gen Süden voran und ersteigen mit einer Reihe von Kehren das **Gebäudjöchl (10)**, 2452 m.

Unser Höhenweg schlängelt sich durch Gras und Blumen, Fels und Geröll.

Gramais (I)
1328 m

29.3 km
6.00 h

Kapellchen bei der Hanauer Hütte gegen die Schlenkerspitze.

Mehrfach sind Scharten recht mühevoll zu überschreiten.

Drüben bremst uns abermals zersplittertes Hauptdolomitgelände mit reichlich Schutt aus. Nach den anspruchsvollsten Passagen quert man auf den Hang hinaus, passiert den See »Auf der Lacke« inmitten des imposanten Medriolkessels und vollzieht am Ende noch eine Reihe kurzer Kehren bis zum **Württemberger Haus (11)**, 2220 m.

3. Tag: Von unserer letzten Hütte gegen Nordwesten auf gutem Steig aufwärts und über eine Schwelle ins Kar namens Schafhimmel. Dort im Geröll weiter und etwas aufsteilend, aber weitgehend harmlos bis ins breite **Leiterjöchl (12)**, 2516 m. Die Westseite präsentiert sich anders: Hier geraten wir in sehr abschüssiges Gelände und sind froh über die zahlreichen Drahtseile, die den Durchstieg der zerklüfteten Felsbarriere entschärfen. Über die Böden im Schieferkar (linker Hand ein See)

Lechtaler Alpen

geht es noch ein gutes Stück weiter bergab, bis wir auf gut 2000 Metern in den **Streichgampenpleisen (13)** auf eine wichtige Verzweigung stoßen. Wir halten uns rechts und müssen nun mit einer kleineren Pfadspur vorliebnehmen, die im grasigen Zickzack an der Streichgampenhütte vorbei zum **Streichgampenjöchl (14)**, 2221 m, aufsteigt. Nächstes Ziel ist nun das **Alblitjöchl (15)**, 2281 m, nach etwas Zwischenabstieg hindernislos über weite Grasflächen zu erreichen.

Ostseitig zunächst übersichtlich zum ersten Boden hinab. Anschließend über eine markante Schwelle in allmählich steileres Gelände, das im Frühsommer vor lauter Alpenrosen einem großen Garten gleicht. Im Sacktal taucht man später in die Latschenzone ein, wo es in Gassen ab und zu etwas eng wird. Unser Pfad kommt schließlich im innersten Otterbachtal, unweit eines Wasserfalls, heraus: ein urtümlicher Winkel. Über die Brücke nach rechts zum **Branntweinboden (16)**, ca. 1500 m, und schließlich noch weit und flach talauswärts – vorerst auf kleinerem Steig, im letzten Stück bis **Gramais (1)** dann auf einem Fahrweg.

Lechtaler Alpen

4 Maldongrat und Namloser Wetterspitze

Im Umkreis der Anhalter Hütte ★★

Zwei tolle Gipfel im Ostteil der Lechtaler Alpen
Die Hochtäler der Lechtaler Alpen erfreuen sich oft noch einer wohltuenden Ursprünglichkeit. In einem davon liegt Namlos, eingerahmt von stattlichen Berggestalten, die zwar Namen besitzen, meist aber keine übermäßig bekannten. Nur die Namloser Wetterspitze, eine elegant geformte Pyramide, die in der Lechtaler Gipfelflur oft einen gut zu identifizierenden Markstein bildet, genießt stärkere Popularität. Bevor wir ihren aussichtsreichen Gipfel am zweiten Tag überschreiten, soll der Maldongrat als gleichsam erster Hausberg und Schaustück der Anhalter Hütte aufs Programm gesetzt werden. In ihm erfährt die mächtige, sieben Kilometer messende Heiterwand ihren westlichen Eckpfeiler. Der Maldongrat ist als einziger Gipfel in diesem ungewöhnlich geschlossen wirkenden Felszug – der geologisch und optisch an große Wettersteinkulissen erinnert – mit einer markierten Route versehen, verlangt aber im Gegensatz zur Namloser Wetterspitze bereits etwas Kletterei. Tipp für die eher gemütlichen Wanderer: Ohne die Gipfel können die wandertechnischen und konditionellen Anforderungen drastisch reduziert werden. Doch wer möchte schon auf solch erhabene Aussichten verzichten?

KURZINFO

Ausgangspunkt: Namlos, 1220 m, Parkmöglichkeit am Beginn des Weges Nr. 616 zur Anhalter Hütte. Im Sommer zweimal täglich Linientaxi ab Stanzach im Lechtal.
Endpunkt: Wie Ausgangspunkt.
Etappendaten:
▶ **1. Tag:** 1460 Hm↑, 840 Hm↓, 6 Std.

Die Obere Plötzigalm unweit der Anhalter Hütte.

Tiroler Bergsilhouetten beim Blick vom Maldongrat gen Osten.

▶ **2. Tag:** 820 Hm↑, 1440 Hm↓, 6.10 Std.
▶ **Gesamt:** 2280 Hm↑↓, 12.10 Std.
Anforderungen: Auf der Gipfelroute zum Maldongrat kleiner Schrofensteig und nach oben hin rein felsig mit einigen Stellen im I. Grad. Bewertung T4, ausgeprägte Trittsicherheit notwendig. Die Namloser Wetterspitze fällt mit T3 eine Stufe leichter aus, jedoch auch nur für halbwegs Geübte. Recht weite Zugänge durch die Hochtäler, aber konditionell insgesamt im üblichen Rahmen.
Maximale Höhe: Namloser Wetterspitze, 2553 m.
Einkehr/Übernachtung:
1. Tag: Anhalter Hütte, 2038 m, DAV, Mitte Juni bis Anfang Oktober, Tel. +43 664 4618993.
2. Tag: Zwei Jausenstationen auf der Alpe Fallerschein, 1302 m.
Varianten:
1. Anstelle des Maldongrates (oder zusätzlich) kann man auch den benachbarten Falschkogel, 2388 m, besteigen. Vom Steinjöchl über den schrofigen Ostrücken ziemlich steil und mit gelegentlicher Händeunterstützung in 30 Min. auf den Gipfel.
2. Der Anhalter Höhenweg quert die Namloser Wetterspitze direkt hinüber zum Putzenjoch (1.20 Std. Zeitersparnis).
Karten: AV-Karte 1:25.000, Blatt 3/4 »Heiterwand und Muttekopfgebiet«. Freytag & Berndt 1:50.000, Blatt 351 »Lechtaler-Allgäuer Alpen« oder 352 »Ehrwald – Lermoos – Reutte – Tannheimer Tal«.

1. Tag: Gleich südlich des Dorfes Namlos (1) schlagen wir einen Wirtschaftsweg ein und folgen diesem längere Zeit flach taleinwärts. Im Hintergrund sieht man den Imster Mitterberg und bereits Teile der Heiterwand. Auf etwa 1360 Metern biegt man mit Nr. 616 rechts ab (2) und überschreitet den Brentersbach (Brücke). Weil die alte Trasse am Rand des Bachbetts stellenweise vermurt ist, muss unser Steig bald in

den bewachsenen Hang ausweichen, bevor es wieder lockeren Schrittes ins **Brennhüttental** hineingeht. Man wechselt bei P. 1530 auf die linke Grabenseite und ist hinter dem Obernamlosboden vorübergehend auf Geröllflächen unterwegs. Nun südwärts Richtung **Imster Grubigjöchl (3)**, 1831 m, hinauf. Die Hauptroute führt weiter schräg links aufwärts und steuert damit die **Anhalter Hütte (4)**, 2038 m, direkt zu Füßen der Maldongrat-Nordabstürze an.

Von dort kurz abwärts zum Boden bei der Oberen Plötzigalm, um eine markante Geländenase herum ins Steinkarle und hinauf zum **Steinjöchl (5)**, 2198 m, wobei die letzten Meter mit einem Seillauf abgesichert sind. Beim Sattelkreuz wenden wir uns mit einem Schrofensteig nach links und bewegen uns auf der Südseite des Grates, der nach einigen Kehren in seinem harmlosen Bereich auch mal tangiert wird. Im weiteren Verlauf sind diverse kleine Rippen zu übersteigen (minimale Zwischenabstiege). Man kommt in eine Schutt- und Felsrinne, entsteigt ihr weiter oben nach rechts und gelangt über weitere Felspartien zu einem letzten Rippenübergang. Wenige Minuten später stehen wir auf dem **Maldon-**

grat (6), 2544 m. Der Rückweg zur Anhalter Hütte (4) ist identisch.

2. Tag: Von unserem Stützpunkt zunächst ein Stück abwärts, bis man am Imster Grubigjöchl (3) mit Nr. 617 nach links abzweigt. Durch Latschengelände gelangen wir auf eine höher gelegene Verflachung und mittels Rechts-links-Schleife auf den Rücken des Grubigjochs, 2185 m, wo sich später nach ein paar Abwärtsmetern Anhalter Höhenweg (Nr. 617) und Gipfelroute trennen (7). Recht steil und abschüssig wird der Grubigkopf überschritten, ehe wir am stumpfen Südrücken vom grasigen ins schuttbedeckte Gelände hineinkommen, den Zugang von Fallerschein aufnehmen und kurz danach die Namloser Wetterspitze (8), 2553 m, erreichen.

Im Abstieg folgen wir dieser Route Richtung Südwesten (ohne Beschilderung). Mit etlichen Serpentinen schraubt sich der Steig am Grashang

Beim Anstieg zum Maldongrat erhaschen wir einen Tiefblick auf die Anhalter Hütte; links die Namloser Wetterspitze.

Wilde Felsszenerie im Brennhüttental.

Der Rückweg führt über die malerische Alpe Fallerschein mit Blick zur Knittelkarspitze.

zur weiten Sattelebene des **Putzenjochs (9)**, ca. 2100 m, hinunter. Man wendet sich nun in das nordwärts abknickende Hochtal und lässt weiter unten eine Almhütte knapp links liegen. Der etwas verschlungene Weg talauswärts zieht sich angesichts häufiger Flachpassagen – zwischendrin wechselt man auf die linke Bachseite. Schließlich nähern wir uns **Fallerschein (10)**, 1302 m, dem angeblich größten Almdorf in Tirol. In der Idylle lässt es sich noch herrlich rasten, bevor man auf dem Fahrweg das letzte Stück zur Straße **(11)** hinausbummelt (hier auch Parkplatz) und auf dieser dann leider noch zwei Kilometer bis zum Ausgangspunkt bei **Namlos (1)** zurücklegen muss.

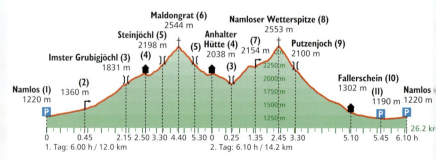

An einem klaren Herbsttag erscheint das Panorama auf der Namloser Wetterspitze fast unendlich. Im Detail Urbeleskarspitze und Bretterspitze in der Hornbachkette.

5 Rund um die Coburger Hütte

Auf die Ehrwalder Sonnenspitze und ihre Nachbarn ★★★

Anspruchsvolle Gipfel in der Mieminger Kette
Die Coburger Hütte im Ehrwalder Revier der Mieminger ist ein vielbesuchtes Ziel und Basislager. Genussmenschen wandern von der Ehrwalder Alm herauf, die Ambitionierteren lieber über den gesicherten Hohen Gang. Bei allen findet der Zauber des türkisfarbenen Seebensees inmitten einer fantastischen Felsarena Eingang in Herz und Seele: »Klein-Kanada« in Tirol! Die schroffen Gipfel der Umgebung rufen Kletterer und Klettersteigler auf den Plan – nicht zuletzt finden allerdings auch Bergkraxler alter Schule hier ihr Tummelfeld. Dieser Tourenvorschlag ist speziell auf sie abgestimmt. Mögen der Vordere Drachenkopf sowie der Hintere Tajakopf trotz einiger Felspassagen sogar noch als »wandertauglich« erachtet werden – im Falle der stolzen Ehrwalder Sonnenspitze müssen Anwärter eine ordentliche Schippe drauflegen. Die leichteste Linie durch die Südflanke wäre ohne die – inzwischen schon etwas verblassten Markierungen – gar nicht so leicht zu finden und tangiert ohnehin bereits den II. Grad bei entsprechender Ausgesetztheit. Nach drei tollen Gipfelerlebnissen vollziehen wir zur buchstäblichen »Abrundung« einen großen Bogen um die westlichen Bastionen der Mieminger Kette, nehmen dabei noch zwei feine Aussichtskanzeln mit und haben die Gegend um die Coburger Hütte am Ende ziemlich ausführlich erkundet.

Erste Kraxeleinlagen am Hohen Gang.

KURZINFO

Ausgangspunkt: Ehrwald, 994 m, Parkplatz nahe dem Ortszentrum in der Straße Hölzli. Bushaltestelle in der Nähe; der Bahnhof Ehrwald befindet sich hingegen ein Stück entfernt am nördlichen Ortsrand.
Endpunkt: Wie Ausgangspunkt.
Etappendaten:
▶ **1. Tag:** 950 Hm↑, 30 Hm↓, 3 Std.
▶ **2. Tag:** 920 Hm↑↓, 6 Std.
▶ **3. Tag:** 1060 Hm↑, 1980 Hm↓, 7.45 Std.
▶ **Gesamt:** 2930 Hm↑↓, 16.45 Std.
Anforderungen: Anspruchsvolle Bergwege und Felsrouten, die in abgestufter Weise solide bis perfekte Trittsicherheit und absolute Schwindelfreiheit verlangen. Insbesondere die Gipfel eignen sich nur für Bergerfahrene. Am anspruchsvollsten ist die Sonnenspitze (T5+), dort sind Kletterfähigkeiten bis zum II. Grad in sehr steilem Fels- und Schrofengelände gefragt (kaum Siche-

Am Gipfel der Sonnenspitze liegt uns das Ehrwalder Becken zu Füßen.

rungen, aber einige Haken). Am Drachenkopf (T4) und Tajakopf (T4–) nur stellenweise I. Grad, allerdings tendenziell brüchiger. Am Hohen Gang (T3–4) neben normalen Abschnitten gesicherte Passagen im ausgesetzten Gelände. Ansonsten viel Geröll in den Karen, daher streckenweise etwas beschwerlich zu begehen. Konditionell ist vor allem die lange 3. Etappe herausfordernd.

Maximale Höhe: Ehrwalder Sonnenspitze, 2417 m.

Einkehr/Übernachtung:
1. und 2. Tag: Coburger Hütte, 1917 m, DAV, Anfang Juni bis Anfang Oktober, Tel. +43 664 3254714.

Varianten: Zum Start Bergfahrt mit der Ehrwalder Almbahn und von dort auf bequemem Wanderweg Richtung Seebensee. Ohne weitere Gipfel wäre die Tour nirgends schwieriger als T3 (rot) und in dieser abgespeckten Version auch für Mindergeübte machbar.

Karten: AV-Karte 1:25.000, Blatt 4/2 »Wetterstein- und Mieminger Gebirge Mitte«. Freytag & Berndt 1:50.000, Blatt 352 »Ehrwald – Lermoos – Reutte – Tannheimer Tal«.

1. Tag: In **Ehrwald (1)**, 994 m, über den Martinsplatz hinweg auf den Mühlenweg, der flach taleinwärts an einem Wanderparkplatz **(2)** vorbeiführt. Danach mit Nr. 812 rechts aufwärts in den Bergwald, wo sich unser Steig lange Zeit in gewöhnlicher Weise präsentiert. Weiter oben wird das Gelände steiler und felsiger, verlangt einige Sicherungen, birgt bei guter Stufung für den Geübten aber noch keine übermäßigen Hürden. Auf rund 1670 Metern überschreiten wir die Schwelle am **Hohen Gang (3)** und wandern gemütlich weiter zum malerischen **Seebensee (4)**, 1657 m. Links daran vorbei zur Materialseilbahn und mit

Gesicherte Passage am Hinteren Tajakopf.

einer ganzen Reihe gut angelegter Kehren hinauf zur **Coburger Hütte (5)**, 1917 m.

2. Tag: Wir nehmen den Weg zur Biberwierer Scharte auf und queren anfangs mit leichtem Höhenverlust unter den Abbrüchen des Drachenkopfes entlang. Bald zweigt dessen Route links ab, doch scheren wir erst beim Wegweiser für die Sonnenspitze vom »814er« aus **(6)**, und zwar nach rechts zu einem Schuttfeld. Daran im Zickzack aufwärts und links haltend zu den ersten Schrofen. Man bewegt sich nun bis zum Gipfel stets rechts vom Südgrat in der gegliederten Flanke und achte dabei stets auf die schon ziemlich verblassten Markierungen. Bald erfordert eine Rinne richtige Kletterei. Oberhalb folgt gestuftes Fels- und Schrofengelände, ehe man rechts um eine Kante schwenkt und zu einer weiteren, sich verengenden Rinne aufschließt. Diese stellt wohl die schwierigste Passage dar (II, einige Eisengriffe). Nach einem Linksquergang am Drahtseil erneut gestuft höher zu einer kleinen Rippe und dann auf ein Band, das rechts in tendenziell leichteres Gelände hinausführt. Schließlich über Schrofen auf den Südgipfel und am Grat entlang durch eine ausgesetzte Kerbe zum Kreuz auf dem Nordgipfel der **Ehrwalder Sonnenspitze (7)**, 2417 m. Die Schau ist fantastisch vielseitig: tief hinab ins Ehrwalder Talbecken, zum mächtigen Zugspitzstock im Wetterstein gegenüber und auf die Nachbarn in der interessant strukturierten Mieminger Kette.

Den Abstieg vollziehen wir mit voller Konzentration auf der gleichen Route und können beim erwähnten Wegweiser »Sonnenspitze« **(6)** den Gegenanstieg Richtung Drachenkopf einleiten. Kurzzeitig weglos

Oben: »Klein Kanada« in Tirol – der Seebensee gegen die Gipfel der Westlichen Mieminger, in der Mitte der Vordere Drachenkopf.
Unten: Die entgegengesetzte Perspektive zeigt den Seebensee gegen den Zugspitzstock.

oder auf allenfalls spärlichen Spuren am besten an einem begrünten Rücken höher, bis man ohne Hindernisse auf den markierten Steig trifft. Weiter oben bleibt man im Schutt dabei und vollzieht die Kehren (eine direktere Spur dichter unter den Wänden ist eher für den Abstieg geeignet), um mit einem Linksknick über Schrofen die Vordere Drachenscharte zu gewinnen. Damit gehen wir den Gipfel quasi von hinten über den Südgrat an. Splittrige Felsstufen I. Grades können einen Bezwinger

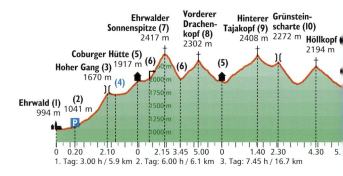

1. Tag: 3.00 h / 5.9 km 2. Tag: 6.00 h / 6.1 km 3. Tag: 7.45 h / 16.7 km

der Sonnenspitze – die sich übrigens im Rückblick sehr profiliert zeigt – nicht mehr aufhalten. Zuletzt an einigen großen Blöcken vorbei zum Kreuz am **Vorderen Drachenkopf (8)**, 2302 m, der zwar niedriger ist als seine unmittelbaren Nachbarn, aber gleichwohl ein toller Logenplatz mit Traumblick auf den türkisfarbenen Seebensee. Beim Rückweg wählen wir gegebenenfalls die Abkürzung im Schutt, weiter unten dann um den Nordbug herum und leicht ansteigend zur **Coburger Hütte (5)**.

3. Tag: Mit Nr. 812 geht es ein paar Meter abwärts am Drachensee vorbei und dann ins weitläufige Drachenkar hinauf, weiter oben rechts haltend. Bevor die Route ganz nach rechts Richtung Grünsteinscharte abdreht, können wir einen Abstecher zum Hinteren Tajakopf einbauen. Im Blockschutt gegen das Hintere Tajatörl hinauf, noch davor aber links unter einem kleinen Kopf hindurch zu einem namenlosen Sattel, der in die schrofige Gipfelflanke leitet. Teils etwas rechts ausbiegend und hinauf zum höchsten Punkt am **Hinteren Tajakopf (9)**, 2408 m. Das Kreuz steht allerdings am westlichen Vorgipfel, wo man zur Hütte hinuntersieht. Dorthin über eine Drahtseilstelle abwärts und dann

An der Ehrwalder Sonnenspitze ist volle Konzentration gefragt.

über einen plattigen Mini-Aufschwung (Krampen).

Zurück beim Abzweig queren wir aus dem Drachenkar schräg aufwärts in die **Grünsteinscharte (10)**, 2272 m, und wechseln durch die Lücke auf die Südseite. Es liegt die lange Höllreise als Geröllschlauch vor uns – der Steig ist entsprechend holprig und rollsplittbehaftet. Man achte dann auf eine rechts abzweigende Spur (leicht zu verpassen), die unter dem Felsansatz eine Abkürzung zum nachfolgenden Gegenanstieg ermöglicht. Über eine Schutthalde gewinnen wir Anschluss zum besser ausgetretenen Hauptweg und steuern durch das Kar das 300 Meter höher gelegene **Hölltörl (11)**, 2126 m, an. Jetzt lohnt sich unbedingt noch ein Ab-

*Oben: Am letzten Tag ist ein Gegenanstieg zum Hölltörl zu bewältigen.
Rechts: Am Gipfelgrat zum Vorderen Drachenkopf.*

stecher auf den nahen **Höllkopf (12)**, 2194 m – zuoberst nur ein Wiesenbuckel, aber mit bemerkenswerter Aussicht.

Anschließend vom Hölltörl in westlicher Richtung auf guter Trasse sachte abwärts Richtung Marienbergjoch. Beim verwaisten Gasthaus **Marienberg (13)**, ca. 1800 m, nehmen wir den Anschluss zum Jubiläumsweg (ohne Hinweisschild am Abzweig etwas undeutlich), der im weiteren Verlauf als Montanwanderweg mit lehrreichen Infotafeln aufwartet. Die Route zieht mit geringen Höhenunterschieden quer durchs licht bewaldete Gelände und kreuzt zwischendurch die wilde »Mur«, eine gewaltige Reise am Fuße des Wamperten Schrofen. Nächstes Ziel ist der **Schachtkopf (14)**, 1642 m, der als Aussichtskanzel nochmals einen kleinen Seitensprung wert ist. Kurz darauf steht man vor einer Gabelung talwärts bzw. Richtung Biberwierer Scharte. Wir halten uns links, verlieren auf ordentlichem Waldsteig stetig an Höhe, fädeln in den Hauptweg von der Biberwierer Scharte (Nr. 814) ein, wandern dann aber nicht bis Biberwier hinunter, sondern biegen zum Ende auf den sogenannten Panoramaweg ab **(15)**. Der Begriff erscheint freilich übertrieben, handelt es sich doch um eine gewöhnliche Forststraße in den unteren Hanglagen. Damit horizontal bzw. leicht fallend gen Norden, später den Hinweis »Oberdorf – Zentrum« beachtend und kurz über Waldweiden zu einem Gatter. Dahinter erreichen wir die Siedlungen von **Ehrwald (1)** und schließen den Kreis zum Ausgangspunkt.

Samnaungruppe

6 Gipfelwege in der Samnaungruppe

Über Rotpleiskopf und Furgler

Pfiffige Überschreitungen im Reich der Skifahrer

Es sei eingestanden, die Samnaunberge habe ich oft geflissentlich links liegen gelassen, denn zwischen den Skigebieten von Serfaus-Fiss-Ladis, See, Ischgl und Samnaun ist die Bergwelt hier ganz schön in die Zange genommen worden. Keine Frage, das Flair ist vorderhand ein anderes als etwa rund um Gramais, um mal den größtmöglichen Gegensatz aufzuzeigen. Freilich sollte der Freund hochalpiner Steige nicht sofort abwinken. Mit ein wenig Toleranz gegenüber dem harten Tourismus kommt man hier durchaus auf seine Kosten und kann gleich mehrere stattliche Gipfel in einem Zug überschreiten. Am ersten Tag sind das Brunnenkopf, Planskopf sowie als Höhepunkt der Rotpleiskopf. Neben einer prächtigen Aussicht über das Tiroler Oberland verleihen gerade die Steige selbst der Sache Spannung. Sie stellen ein gesundes Maß an Herausforderung und lassen uns in ihrer pfiffigen Anlage so richtig eintauchen in das herbe Gepräge der Samnaungruppe, wo blockschuttreiche Gipfel in gedeckten Farben dominieren. Im Zuge der Furgler-Überschreitung wird am zweiten Tag sogar die für viele Bergwanderer »magische« 3000-Meter-Marke geknackt. Quartier nehmen wir zwischendrin in der Ascher Hütte über dem vorderen Paznaun. Unweit einer Seilbahn gelegen, ist sie tagsüber ziemlich frequentiert, doch bleiben sommers meist eher wenige Gäste zur Nacht. Im Übrigen eröffnet sich auch die praktikable

Bequemer Einstieg: Aus dem quirligen Touristenort Serfaus bringt uns die Seilbahn eine Etage höher nach Komperdell.

Der Planskopf wird unkompliziert überschritten, ehe es Richtung Rotpleiskopf wieder etwas kniffliger wird.

Möglichkeit, von See im Paznaun aus per Seilbahn zu starten und die Tour in umgekehrter Richtung zu begehen respektive den zweiten Abschnitt vor den ersten zu setzen (Übernachtung dann im Kölner Haus). Mit Blick auf die weiteren, unten aufgeführten Varianten besteht also jede Menge Spielraum zur individuellen Gestaltung …

KURZINFO

Ausgangspunkt: Serfaus, 1429 m, stattliches Feriendorf auf einer Hangterrasse im Tiroler Oberland (Oberinntal). Parkmöglichkeiten ausschließlich vor dem Ort (nur für Tagesgäste kostenfrei, Buslinie von Landeck), dann geht es mit der U-Bahn zu den Talstationen und per Seilbahn hinauf nach Komperdell, 1965 m. Betriebszeiten von 8.30 bis 17 Uhr.

Endpunkt: Wie Ausgangspunkt. Hinweis: Seilbahnkarten gelten nur für den jeweiligen Tag, d.h. man muss nochmals den vollen Einzelfahrt-Tarif bezahlen.

Etappendaten:
▶ **1. Tag:** 1250 Hm↑, 970 Hm↓, 6 Std.
▶ **2. Tag:** 870 Hm↑, 1150 Hm↓, 5.40 Std.
▶ **Gesamt:** 2120 Hm↑↓, 11.40 Std.

Anforderungen: In Summe recht anspruchsvolle Routen, je nach Höhenlage in Matten, Blockschutt oder felsbeherrschtem Gelände. Streckenweise recht abschüssig, daher Trittsicherheit und Schwindelfreiheit wichtig, aber doch gut angelegte Steige ohne wirklich schwierige Stellen. Beide Etappen T3–4, somit an »schwarzen« Touren kratzend. Wegen heikler Schneefelder nicht zu früh im Jahr begehen. Konditionell gut durchschnittlicher Anspruch.

Maximale Höhe: Furgler, 3004 m.

Einkehr/Übernachtung:
1. Tag: Ascher Hütte, 2256 m, DAV, Ende Juni bis Ende September, Tel. +43 650 7230506.
2. Tag: Restaurant Lassida, 2346 m. Restaurants im Bereich Komperdell, einschließlich Kölner Haus, 1965 m, Tel. +43 5476 6214.

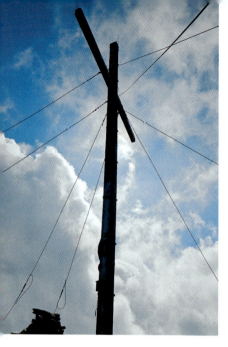

Fest verspannt trotzt es den Stürmen: Gipfelkreuz am Furgler.

Varianten:
1. Eine Abkürzung direkt zum Brunnenjoch hinauf spart 30 Min.
2. Man kann von Komperdell auch zur Urgscharte ansteigen und damit den Kammweg via Brunnenkopf und Planskopf auslassen.
3. Vorzeitiger Abstieg durch die Kübelgrube zur Ascher Hütte, also Verzicht auf den Rotpleiskopf. Dann dauert die 1. Etappe knapp 5 Std.
4. Vom Furglerjoch mit Nr. 702 bzw. 21 direkt hinab nach Komperdell.
5. Zu Fuß hinab zur Talstation, 1 Std. zusätzlich. Die Talfahrt ab Lazidkopf spart hingegen 50 Min.

Karte: Freytag & Berndt 1:50.000, Blatt 254 »Landeck – Reschenpass – Samnaungruppe – Paznaun«.

1. Tag: Ab Mittelstation **Komperdell (1)**, 1965 m, beginnt die Tour auf einem Fahrweg, zweigt jedoch alsbald auf den bezeichneten »Quellenweg«, mit dem auch der Brunnenkopf ausgewiesen ist, ab. Durch die vorerst mäßig steile Mattenflanke schräg nach rechts. Nach Kreuzen eines Querweges schwingt sich das Gelände allmählich auf, allerdings ohne irgendwelche Hindernis-

Übernachtet wird in der Ascher Hütte.

Luftiger Laufsteg: am Nordgrat des Rotpleiskopfes, in der Ferne die bleichen Kalkgipfel der Lechtaler Alpen.

se aufzuwerfen. Auf rund 2430 Metern können wir uns links haltend für den Direktanstieg (Nr. 20B) zum Brunnenjoch entscheiden oder in zahlreichen Kehren durch die Südflanke zum **Vorderen Brunnenkopf (2)**, 2682 m, aufsteigen und damit einen ersten Gipfel einheimsen.

Die letzten Meter geht man von der steinmännchenbesetzten Kuppe wieder zurück und folgt anschließend der Kammroute, mehrheitlich unschwierig, an zwei, drei steileren Felsstellen mit Drahtseilen gesichert. Im Bereich des **Brunnenjochs (3)**, 2575 m, präsentiert sich der Untergrund recht blockig, wird aber beim Gegenanstieg zum **Planskopf (4)**, 2804 m, wieder leichter. Wir überschreiten diesen plumpen Berg und gelangen jenseits rasch in die **Urgscharte (5)**, 2759 m, wo ein anderer Weg von Komperdell dazukommt. Gen Norden wird die Umgebung nun grimmiger, doch findet der Steig verblüffend leichte Durchschlupfe und traversiert die abschüssige Ostseite des Kübelgrubenkopfes auf mitunter ordentlicher Spur bzw. über gröberes Blockwerk. Wir tangieren die **Kübelgrubenscharte** und stoßen 30 Meter tiefer auf den ersten Abzweig zur Ascher Hütte **(6)**. Zum Rotpleiskopf geht es indes nochmals steil bergauf (Nr. 22), wobei wiederum ein harmloser Schuttsteig mit felsdurchsetzten Stellen abwechselt. Wir bewegen uns mehrheitlich links vom Grat und erreichen den **Rotpleiskopf (7)**, 2936 m, zuletzt von der Westseite. Das zuweilen ausgesetzte Bergab über den Nordgrat gestaltet sich besonders eindrücklich. Aber auch hier laviert die steigähnliche Route geschickt um alle größeren Hindernisse, sodass zwischen den Blöcken eigentlich nur selten Händeunter-

Auf dem Vorderen Brunnenkopf.

stützung nötig ist. In der **Spinnscharte (8)**, 2681 m, scharf links weg und abermals über grobes Blockgestein in der Flanke des Rotpleiskopfes. Sukzessive verlieren wir an Höhe und kommen damit in gutmütiges Terrain voran. In südwestlicher Grundrichtung steigt man in eine weitläufige Karmulde ab und hat am Ende noch ein paar wenige Meter Gegensteigung bis zur **Ascher Hütte (9)**, 2256 m, vor sich.

2. Tag: Auf dem »702er« geht es zunächst sachte in den Kübelgrund hinein, bei der Verzweigung rechts und im Bogen über steindurchsetzte Matten zu einer steileren Passage mit zunehmendem Blockschutt. Wir passieren das **Medrigjoch (10)**, ca. 2570 m, und drehen dahinter in die nächste Karbucht ein. Um die Höhe annähernd zu halten, bleibt man zunächst am linken Rand und muss dabei einige abschüssige Schrofen-

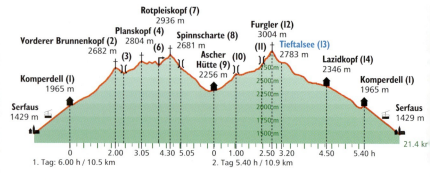

Oben: Kammweg am Lazidkopf im Serfauser Seilbahngebiet.
Unten: Hoch oben unterm Furgler-Gipfel verbirgt sich der Tieftalsee.

rinnen queren (Drahtseile). Allmählich über Blocksteige mehr nach rechts, unterhalb von Blankahorn und Furoler entlang und im Zickzack zum **Furglerjoch (11)**, 2748 m, empor. Der Nordgrat unseres heutigen Gipfels wird nun tendenziell anspruchsvoller, doch ist der Steig im blockreichen Felsgelände wiederum pfiffig geführt, sodass man kaum jemals klettern muss. Zuletzt abflachend auf den geräumigen Gipfel des **Furgler (12)**, 3004 m.

Die Abstiegsroute windet sich zunächst im Blockschutt Richtung **Tieftalsee (13)**, 2783 m, hinab. Man umwandert diesen in großem Bogen, um von seinem Ostende das Bergab über einen Geländerücken fortzusetzen. Mit einer Flankentraverse allmählich ins ausgedehnte Pistengebiet. Von der Scheid beschreiten wir den Kammrücken zum **Lazidkopf (14)**, 2346 m, wo sich die Bergstation der Sommerbahn sowie das Restaurant Lassida befinden. Es ist freilich kein großer Aufwand, zumindest bis Komperdell noch locker auszulaufen. Anstatt auf dem Weg im Innern des Kessels tun wir dies aussichtsreicher auf dem Fahrweg rechts außen herum. In der intensiv erschlossenen Umgebung am Schluss nochmals kurz aufwärts zum **Kölner Haus** und zur Seilbahnstation **Komperdell (1)**.

Typische Landschaft in der Samnaungruppe, hier am Furgler.

Ötztaler Alpen

Wildnörderer, Glockturm und Co.

Dreitausender-Trilogie vom Hohenzollernhaus ★★★

Im fast vergessenen Teil der Ötztaler Alpen
Dieser Tourenvorschlag liegt mir besonders am Herzen, da er uns in einen versteckten Winkel der Zentralalpen entführt, der zum einen bislang wenig Erschließungsdruck zu erdulden hatte und zum anderen von den großen Touristenströmen ohnehin eher vernachlässigt wird. Es handelt sich um das Radurschltal, das vom Oberen Gericht (Oberinntal) aus zwischen Nauderer Bergen und Glockturmkamm in die Ötztaler Alpen hineingreift. Ziemlich weit hinten empfängt uns dort auf einer zirbenbestandenen Geländeschwelle das Hohenzollernhaus, ganz im Stile einer authentisch urigen Berghütte. Das ist schon eine Wohlfühloase für sich! Doch wir wollen ja noch deutlich höher hinaus. Im Umkreis gewahren wir einen dunkelfelsigen Kranz von Dreitausendern, unter denen eigentlich nur der Glockturm einen bekannteren Namen besitzt. Er stellt das Paradeziel vom Hohenzollernhaus dar, durchaus mit Elementen einer Hochtour, auch wenn sich das Eis langsam, aber sicher aus den Hochkaren zurückzieht. Steigeisen sollten daher ins Gepäck, sofern uns der Hüttenwirt dies nicht vorab als überflüssig erklärt. Mit dem Glockturm ersteigen wir im Übrigen einen der absolut höchsten Berge unserer gesamten Auswahl und dürfen schon ein wenig stolz darauf sein. Nicht zu vergessen allerdings die beiden anderen Gipfelziele: Der kecke Wildnörderer empfiehlt sich gleich für den ersten Tag, da er unserem Basislager am nächsten liegt und bereits einen feinen Überblick gewährt. Die

Aufstieg ins Vordere Bergl, dem Kar am Wildnörderer.

»Nature art«: Mäander am Radurschlbach.

Nauderer Hennesiglspitze erhebt sich hingegen ganz hinten am Grenzkamm zu Südtirol und fordert angesichts des langwierigen Zustiegs ein wenig unsere Geduld heraus. Doch die veränderte Perspektive entschädigt allemal dafür! Fazit: Eine tolle Dreitausender-Trilogie für Entdeckungslustige, die weniger dem Renommee als dem Erlebniswert nacheifern.

KURZINFO

Ausgangspunkt: Parkplatz Wildmoos, ca. 1600 m, im Radurschltal (in der F&B-Karte etwas unpräzise eingetragen). Zufahrt über eine Forststraße, die gleich hinter der Kajetansbrücke (3 km von Pfunds Richtung Reschenpass) abzweigt. Weiterfahrt taleinwärts zur Radurschlalm nicht gestattet. Mit Öffis umständlich, da man in Pfunds starten müsste (2 Std. monotoner Anmarsch zusätzlich).
Endpunkt: Wie Ausgangspunkt.
Etappendaten:
▶ **1. Tag:** 1460 Hm↑, 950 Hm↓, 7.15 Std.
▶ **2. Tag:** 1300 Hm↑↓, 7.30 Std.
▶ **3. Tag:** 1000 Hm↑, 1510 Hm↓, 7.30 Std.
▶ **Gesamt:** 3760 Hm↑↓, 22.15 Std.
Anforderungen: Richtung Wildnörderer und Nauderer Hennesiglspitze markierte Routen in Hochweidengelände und Blockschutt, in den Gipfelbereichen jeweils abschüssiger und Trittsicherheit erforderlich. Diese beiden Berge sind mittelschwierig (T3). In Summe anspruchsvoller und mit Hochtourencharakter hingegen der Glockturm (je nach Bedingungen mindestens T4), jedenfalls ab dem Blockbereich vor dem Hüttekarferner, wo der gute Steig endet. Eistraverse ohne Spaltengefahr, aber meist Steigeisen nötig, am Gipfelaufbau wie-

Richtung Glockturm bekommen wir es auch mit Gletschereis zu tun. Am blockigen Gipfelaufbau braucht es später Trittsicherheit.

Wunderbar ursprünglich präsentiert sich die Bergwelt zwischen Glockturmkamm und Nauderer Bergen.

der deutliche Spuren, kaum Kletterei. Drei voll ausgefüllte Bergtage; Höhenlage auch hinsichtlich des konditionellen Aspekts beachten.
Maximale Höhe: Glockturm, 3353 m.
Einkehr/Übernachtung:
1.-3. Tag: Hohenzollernhaus, 2123 m, DAV, Anfang Juni bis Ende September, Tel. +43 664 5311915. Eventuell Radurschlalm, 1815 m.
Karten: AV-Karte 1:25.000, Blatt 30/4 »Nauderer Berge«. Freytag & Berndt 1:50.000, Blatt 254 »Landeck – Reschenpass – Samnaungruppe – Paznaun«.

1. Tag: Im Radurschltal geht es ab Parkplatz **Wildmoos (1)** zunächst eine ganze Weile flach auf dem Fahrweg einwärts. Später über die Brücke in die Nähe der **Radurschlalm (2)**, ca. 1800 m, wo man dem »Sommerweg« folgt. Durch lichten Wald recht bequem an der Talflanke aufwärts und bis auf den Geländeabsatz mit dem idyllisch zwischen Zirben gelegenen **Hohenzollernhaus (3)**, 2123 m.
Nun über den Boden weiter und nach einer kleinen Steigung bei einer Gabelung rechts über den begleitenden Bachlauf hinweg in die Nähe einer ehemaligen Zollhütte. Bei der nächsten Verzweigung mit dem Hinweis »Wildnörderer« wiederum rechts und an den bewachsenen Hängen in Kehren höher. Unsere Route führt diagonal über eine Verebnung ins Vordere Bergle hinein. Man durchstreift das ausgedehnte Kar teils über Mattenböden, teils über Blockfelder bis in den hintersten Winkel und steigt dann zur wichtigen Scharte bei P. 2801 **(4)** an. Nun steiler Richtung Gipfelaufbau, wobei man vom Gratabsenker

Ötztaler Alpen

bald rechts in die schrofige bzw. blockdurchsetzte Südflanke abrückt und die letzten Meter zum **Wildnörderer (5)**, 3011 m, schließlich von Osten über gebietstypischen Blockschutt bewältigt. Der Abstieg zur Hütte verläuft gleich.

2. Tag: Vom **Hohenzollernhaus (3)** zunächst wiederum am Radurschlbach entlang, den wir aber nach 20 Minuten nicht überschreiten. Vielmehr steigen wir diesmal linker Hand in Kehren an der begrünten Hüttepleis empor. Vor einer blockigen Engstelle am Rand des Hüttekars – das sich geradezu wallartig aufbäumt – geht es mit zwei Spitzkehren und über ein schrofiges Band an einem Steilhang entlang. Die Karbucht weitet sich, der Steig bleibt teils als Plattenweg gut angelegt und führt im nördlichen Bereich sachte aufwärts. Wir passieren derweil eine Abzweigung zum Bruchkopf, der linker Hand aufragt (dorthin käme teils wegloses Gelände vor). Im Karhintergrund befinden wir uns unter dem Rotschragenjoch, das vom Hauptweg (Nr. 902) im Übergang zum Kaunertal überschritten wird, während wir uns nun gen Süden orientieren **(6)**, ca. 2870 m. Die Traverse eines groben Blockfeldes wird augenblicklich unwegsamer, wobei der Balanceakt in verkeilten Trümmern mitunter sogar

Urgemütliches Basislager: das Hohenzollernhaus.

etwas Händeunterstützung erfordert. Über gewöhnlichen Blockschutt erreichen wir eine Mulde im Vorfeld des Hüttekarferners und betreten nun das Gletschereis (ab dem Hochsommer oft blank). Die günstigste Linie verläuft mittig, zumal von den Seiten her Steinschlaggefahr besteht. Über drei steilere Passagen gelangen wir ins **Riffljoch (7)**, 3146 m, und nehmen dort den Zugang von der Kaunertaler Gletscherstraße auf. Rechts haltend leiten jetzt deutliche und auch markierte Spuren an den Gipfelaufbau heran. Man verbleibt meist kaunertalseitig, tangiert aber auch die Grathöhe und bewältigt einzelne kleine Felshindernisse. Schließlich nochmals steiler im Zickzack bis zum Gipfel des **Glockturms (8)**, 3353 m, und zur ganz großen Aussicht. Der Abstieg ist identisch.

3. Tag: Abermals geht es vom **Hohenzollernhaus (3)** auf der bekannten Route taleinwärts, dann rechts über die Brücke bei der alten Zollhütte und heute am unteren

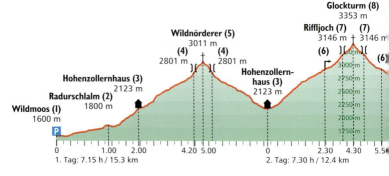

Weg durch die Talsohle weiter gen Süden. Erst um den Absatzkopf steigt der Weg deutlicher an, passiert den Abzweig einer weglosen Route zum Glockturmjoch und schwenkt westwärts ins wellige Hintere Bergle ein. Auf Schafmatten auch am Hinweis zur Radurschlscharte vorbei (9) und zu einer kleinen, entlegenen Jagdhütte. Inzwischen bewegen wir uns nur noch in kargen Blockschuttfluren, lassen das Seekarjoch rechts liegen und steigen mit einigen Bögen in der Nordflanke unseres Gipfels empor. Zuletzt von der linken Seite her auf den Grat und mit wenigen Schritten zum Kreuz auf der **Nauderer Hennesiglspitze (10)**, 3042 m.

Der Abstieg vollzieht sich am leichtesten auf der gleichen Route. Für absolut Trittsichere ist es interessant, am blockigen Ostgrat entlang die **Radurschlscharte (11)**, 2870 m, anzusteuern, wobei zwei, drei Passagen etwas Kraxelei verlangen (Stellen I). Im Bereich der Scharte entweder noch an ein paar Hindernissen vorbei zur Markierung oder bereits bei erstbester Gelegenheit nordwärts hinab. Die unsolide Blockhalde erfordert umsichtiges Steigen, läuft dann aber – von gelegentlichen roten Punkten geleitet – auf einen harmlosen, kargen Boden

Dreitausender am Grenzkamm zu Südtirol: die Nauderer Hennesiglspitze.

aus. Beim Wegweiser (9) fädeln wir wieder in den Hinweg ein und wandern zurück Richtung **Hohenzollernhaus (3)** bzw. nach einer Rast vollends hinunter zum **Wildmoos (1)** im Radurschltal.

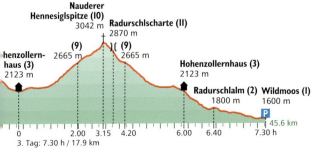

Ötztaler Alpen

8 Rund um die Verpeilspitze

Über Madatschjoch und Verpeiljoch

Strenge, hochalpine Übergänge am Kaunergrat
Der Kaunergrat gilt als eines der wildesten Urgesteinsreviere in Tirol – Gipfel wie Rofelewand, Gsallkopf, Verpeilspitze oder die alles in den Schatten stellende Watzespitze lassen darüber keinen Zweifel aufkommen. Für den Normalwanderer stellen bereits die Übergänge zwischen den Hütten ordentliche Herausforderungen dar. Wer freilich ein solides alpines Rüstzeug beisammen hat, darf sich auf die vorgestellte Runde über Madatschjoch und Verpeiljoch wagen. Man taucht dabei in richtig urweltliche Gebirgskammern ein, geht mit Watze und Co. ziemlich auf Tuchfühlung und lernt auch das typische Gepräge hochalpiner Karlandschaften kennen. Ganz verzückt wird man vom Mittelberglesee sein. Die Jochübergänge sind keine Spaziergänge, was auch eine latente Steinschlaggefahr beinhaltet, wie unlängst am Madatschjoch in Erscheinung getreten. Die Route musste im Sommer 2018 daraufhin sogar mal gesperrt werden. Insgesamt ergibt sich ein Rundkurs um die Verpeilspitze, deren Name von einem alten Kaunertaler Almgebiet auf den Berg übergegangen ist. Übernachtet wird zwischendurch in der Kaunergrathütte, hoch über dem Pitztal am Fuß der wuchtigen Watze gelegen.

Auf den Saßen: großartige Ausblicke über die Pitztaler Bergwelt.

Das Madatschjoch bildet die größte Hürde dieser Tour.

KURZINFO

Ausgangspunkt: Parkplatz bei der Verpeilalm, ca. 1790 m. Zufahrt über die Forststraße von Feichten im Kaunertal gestattet (für normale Pkw vorbehaltlich etwaiger Schäden an der Fahrbahn). Mit Öffis muss man im Talort starten (1.30 Std. Zustieg zusätzlich).
Endpunkt: Wie Ausgangspunkt.
Etappendaten:
▶ **1. Tag:** 1280 Hm↑, 250 Hm↓, 4.40 Std.
▶ **2. Tag:** 750 Hm↑, 1780 Hm↓, 6.30 Std.
▶ **Gesamt:** 2030 Hm↑↓, 11.10 Std.
Anforderungen: Sehr raue und steinige hochalpine Steige mit einzelnen Schlüsselpassagen, die als schwierig einzustufen sind. Über das Madatschjoch vor allem im gesicherten Kamin auf der Ostseite (Schlüsselstelle, T4+, Selbstsicherung für Ängstliche empfohlen); am Verpeiljoch westseitig in der Bröselrinne (T4–, ebenfalls Sicherungen). Absolute Trittsicherheit erforderlich, bei schlechten Verhältnissen heikel, zudem Steinschlaggefahr beachten. Zwischen Mittelbergletsee und Verpeiljoch streckenweise nur dürftig gepfadet, aber zumindest zuverlässig markiert. Die 1. Etappe ist alpintechnisch, die 2. Etappe konditionell etwas anspruchsvoller.
Maximale Höhe: Aperes Madatschjoch, 3036 m.
Einkehr/Übernachtung:
1. und 2. Tag: Verpeilhütte, 2016 m, DAV, Mitte Juni bis Mitte/Ende September, Tel. +43 650 5656540. Kaunergrathütte, 2817 m, Mitte Juni bis Mitte September, Tel. +43 664 1440627.
Varianten: Abstecher zum Madatschkopf, 2778 m, am 1. Tag (T3, 2 Std. hin und zurück) bzw. zur Parstleswand, 3096 m, am 2. Tag (T4, 45 Min. zusätzlich).
Karten: AV-Karte 1:25.000, Blatt 30/3 »Kaunergrat«. Freytag & Berndt 1:50.000, Blatt 251 »Ötztal – Pitztal – Kaunertal – Wildspitze«.

1. Tag: Zu Beginn nehmen wir entweder den Steig Nr. 926 oder den Fahrweg, der von der Verpeilalm (1) stets rechts vom Bach bergauf zieht. Nach einer guten halben Stunde öffnet sich der Boden bei der Verpeilhütte (2), 2016 m. Direkt beim Haus scharf nach Süden und am zwergstrauchbewachsenen Hang aufwärts. Rechts haltend kommt man auf einen Rücken, der das Kühgrübl begrenzt. Auf ca. 2320 Metern passieren wir den Abzweig Richtung Mooskopf bzw. Madatschkopf (3). Unsere Route zieht indes bald darauf links hinüber und gelangt von den Schafweiden zunehmend karger hinauf in den Sattel P. 2690 (4) östlich der Madatschtürme. Dahinter verbirgt sich ein Schmelzwassersee. Wir kommen ins Kar des zurückgewichenen Madatschferners voran. Hier je nach Verhältnissen über Blockschutt und mehr oder weniger ausgedehnte Schneefelder, eventuell auch noch im Randbereich des Resteises gegen die aufsteilende Schutthalde hinan (im ungünstigen Fall Steigeisen hilfreich). Man weicht kurzzeitig in die Felszonen aus (Sicherungen), begibt sich dann ganz auf die linke Seite der bröseligen Rinne und erklimmt mit weiterer Drahtseilunterstützung das Apere Madatschjoch (5), 3036 m. Jenseits über abschüssiges Geschröf und Schutt ebenfalls gesichert abwärts. Die Schlüsselstelle lauert hinter einem kleinen Eck: ein Kamin mit Leitern und Krampen. Am Fuß der Steilstufe durchschreiten wir eine schuttgefüllte Senke, wandern kurz aufwärts bis auf einen Geländesporn und von dort rasch hinunter zur Kaunergrathütte (6), 2817 m.

2. Tag: In nordöstlicher Richtung bringen wir anfangs leicht auf und ab ein paar felsdurchsetzte Passagen hinter uns, anschließend die freien Schutthänge, die schräg aufwärts ins Steinbockjoch (7), 2960 m, durchquert werden. Ein Abstecher auf die flankierende Parstleswand wäre über das Blockgelände möglich. Ansonsten verlieren wir auf ordentlichem Steig unweit der Geländekante an Höhe. Bald zu einer steilen Hangpartie mit Schutt und einer Felsstelle (Drahtseil). Man peilt das Seeauge auf der unterhalb gelegenen Karterrasse an (Verzweigung zum Karlesegg) und steigt von dort wieder schräg bergauf zum Übergang **»Auf den Saßen« (8)**, ca. 2740 m. Dort ein Stück weit am Grat entlang in eine seichte Einsattelung und nordwärts hinab zum **Mittelberglesee (9)**, 2446 m, wobei teils gröberer Blockschutt auftritt.

Wir schlagen einen Bogen um den farblich sehr präsenten See und folgen dem Hinweis »Verpeiljoch«. Einem unwegsamen Blockfeld kann anhand der Markierung zumindest teilweise ausgewichen werden. Man begeht anschließend einen Moränenrücken und überschreitet rechts haltend die Einsattelung hinter dem auffälligen Türele. Nordseitig ein

Direkt unterhalb der mächtigen Watzespitze liegt die Kaunergrathütte.

Abgeschiedener Traumfleck: der Mittelberglesee.

Für Steinböcke ist steiles Felsterrain kein Problem.

Stück bergab und dann wieder eine Zeit lang über gemischtes Gras- und Felsterrain aufwärts. Man gelangt auf eine öde Blockschutt-Hochfläche, muss dann nochmals ein paar Höhenmeter in den seichten Trog herschenken und nimmt nach einer Bachquerung die Route Nr. 928 von Trenkwald auf. Damit über relativ steile Schutthänge bis ins **Verpeiljoch (10)**, 2825 m.

Noch deutlich grimmiger präsentiert sich die Westseite. Durch die steile, mürbe Rinne ist Vorsicht geboten (Sicherungen und Stufen, die allerdings beschädigt sein können). Der Zickzackkurs weiter unten geht dann vergleichsweise besser als erwartet vonstatten, ehe wir aus der Halde nach links heraustreten. Über einen Moränenrücken allmählich in begrüntes Gelände. Auf der rechten Seite wandern wir unter dem Roßkarl entlang und vollends in die Sohle des Verpeiltals. Hier flach hinaus zur **Verpeilhütte (2)** und schließlich auf dem Steig zum Ausgangspunkt nahe der **Verpeilalm (1)**.

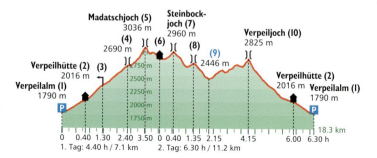

Oben: Als Herrscherin im Kaunergrat steht die Watze immer wieder im Fokus.
Unten: Im Talschluss von Verpeil, rechts der düstere Schwabenkopf.

Ötztaler Alpen

9 Am nördlichen Geigenkamm

Hoher Gemeindekopf, Schafhimmel und Wildgrat ★★

Auf der kleinen Pitztaler Runde

Der östlichste und längste der drei großen nördlichen Gebirgszüge der Ötztaler Alpen trägt den Namen Geigenkamm – ein über weite Strecken ziemlich einsames Bergland. Stärker erschlossen sind nur der Bereich ganz im Süden um die Braunschweiger Hütte sowie die nördlichen Ausläufer mit der Hochzeigerbahn, die als willkommene Einstiegshilfe dienen kann für unsere dreitägige, nicht zu ausschweifende Rundtour via Ludwigsburger und Erlanger Hütte. Die eine liegt pitztalseitig an der Waldgrenze, die andere ötztalseitig eine Etage höher nahe dem fotogenen Wettersee, einem wundervollen Kleinod am Geigenkamm. Zumal quasi im Vorbeigehen mehrere Gipfel berührt werden, gestalten sich die Übergänge besonders spannend. Am ersten Tag wird der Hohe Gemeindekopf überschritten, eine der besten Aussichtslogen schlechthin über dem Pitztal. Die Verbindungsetappe zwischen unseren beiden Stützpunkten führt über das hindernislose Lehnerjoch und kann mit dem Schafhimmel (oder gegebenenfalls dem Lehner Grieskogel) noch aufgepeppt werden. Den metrischen und vielleicht auch gefühlten Höhepunkt erreichen wir tags darauf am Wildgrat, einem ziemlich schroffen Felskastell, das für diese Tour die Messlatte anlegt, allerdings keineswegs dramatisch hoch. Wer ein klein wenig Kraxelei im hochalpinen Gelände nicht abhold ist, dürfte der Sache gewachsen sein. Der Hochzeiger ist abschließend noch eine nette Zugabe für diese kleine, aber feine Pitztaler Runde.

Der Wettersee gilt als Glanzlicht am nördlichen Geigenkamm. An seiner Schwelle hat die Erlanger Hütte ihren Platz.

Majestätisch setzt sich die Wildspitze durchs Lehnerjoch in Szene.

KURZINFO

Ausgangspunkt: Talstation der Hochzeigerbahn im Weiler Liss, 1450 m, oberhalb von Jerzens im Pitztal (dort große Parkplätze und Kleinbusverkehr von Jerzens im Anschluss an die Pitztal-Linie von Imst). Mit der Umlaufbahn hinauf zur Mittelstation, 2020 m. Betriebszeiten von 9 bis 17 Uhr.
Endpunkt: Wie Ausgangspunkt.
Etappendaten:
▶ **1. Tag:** 870 Hm↑ 950 Hm↓, 4.45 Std.
▶ **2. Tag:** 1250 Hm↑, 640 Hm↓, 5.15 Std.
▶ **3. Tag:** 650 Hm↑, 1180 Hm↓, 4.30 Std.
▶ **Gesamt:** 2770 Hm↑↓, 14.30 Std.
Anforderungen: Überwiegend normale Bergwege im Schwierigkeitsgrad T3 oder etwas leichter, am Wildgrat wird im Gipfelbereich stellenweise aber T4 erreicht (kurze Stellen I). Abschüssige Passagen und das oft steinige Gelände der höheren Berglagen (fast 3000 Meter) verlangen gute Trittsicherheit und solide Bergerfahrung. Konditionell drei normale und ziemlich homogene Etappen.

Maximale Höhe: Wildgrat, 2971 m.
Einkehr/Übernachtung:
1. Tag: Ludwigsburger Hütte, 1935 m, DAV, Ende Juni bis Mitte/Ende September, Tel. +43 5414 20204 oder +43 664 9247748.
2. Tag: Erlanger Hütte, 2550 m, DAV, Ende Juni bis Mitte/Ende September, Tel. +43 664 3920268.
3. Tag: Zeigerrestaurant bei der Mittelstation.
Varianten:
1. Wer etwas mehr Pensum am 2. Tag nicht scheut, kann anstelle des Schafhimmel auch den Lehner Grieskogel,

Ein spannender Pfad schlängelt sich über den Hochzeiger.

Der Kugleter See im Kar gegen den fast 3000 Meter hohen Wildgrat.

3032 m, über seinen Nordwestgrat besteigen (T3–4, gut 1.30 Std. ab Lehnerjoch).
2. Von der Westgratscharte am Wildgrat über den Hans-Raggl-Steig durch die nordseitigen Kare ausholend und mit einem längeren Gegenanstieg zum Niederjöchl, 2302 m, an der Kammverbindung zwischen Hochzeiger und Sechszeiger. Bis zur Seilbahn mindestens 1 Std. länger.

Karte: Freytag & Berndt 1:50.000, Blatt 251 »Ötztal – Pitztal – Kaunertal – Wildspitze«.

1. Tag: Wir starten vorteilhaft bei der **Hochzeiger-Mittelstation (1)**, ca. 2020 m (zu Fuß wären ab Liss 1.30 Std. zu veranschlagen), und wenden uns dort gegen Süden. Auf breitem Weg schräg aufwärts Richtung **Zollkreuz (2)** und weiter zum Gratüberstieg, wo man den Ferdinand-Wohlfarter-Steig gipfelwärts abziehen lässt und in die Südseite übertritt. In Kürze kann die Variante des ausgesetzten Goaßsteiges aus-

Vom Hohen Gemeindekopf blicken wir längs hinein ins Pitztal.

probiert werden – einfacher, aber ebenfalls leicht exponiert geht es über den Normalweg etwas tiefer durch die Flanken des Riegetals. Nach der Zusammenführung nehmen wir auch die Route über den Hochzeiger wieder auf und überwinden im Bogen die Schwelle zum **Großsee (3)**, 2416 m. Wir begleiten ein Stück weit den Zufluss und biegen dann rechts zum Gemeindekopf ab. Über einen stumpfen Rücken in die oberhalb befindlichen Blockschuttfluren und am **Kugleten See (4)**, ca. 2600 m, vorbei. Das Blockwerk wird nun etwas unwegsamer und steiler, doch lotst uns eine passable, zuverlässig markierte Spur bis auf den Gratrücken und zum Gipfelkreuz am **Hohen Gemeindekopf (5)**, 2771 m.

Der Abstieg wird am Westgrat eingeleitet. Man dreht in Kürze links ab, durchschreitet die Lawinenverbauungen und verliert auf einem Rücken weiter an Höhe. Unsere Rou-

Brunnentrog vor der Ludwigsburger Hütte.

te beschreibt eine diagonale Linie durch die begrünten, steindurchsetzten Hanglagen hoch über dem Pitztal und kreuzt auf rund 2250 Metern einen Almfahrweg. Noch eine gute halbe Stunde und wir treffen zwischen ersten Zirben hindurch bei der **Ludwigsburger Hütte (6)**, 1935 m, ein.

2. Tag: Dieser Übergang beginnt am St. Leonharder Höhenweg in südlicher Richtung, doch zweigen wir bald links aufwärts ab, kreuzen mehrmals einen Fahrweg und steigen über die weitläufigen Mattenhänge Richtung **Lehnerjoch (7)**, 2510 m, empor. Eine unkomplizierte Gipfelzugabe ist nun der **Schafhimmel (8)**, 2820 m, der sich über den nur ganz oben etwas steinigen, sonst grasigen Südostrücken ohne Schwierigkeiten erreichen lässt.

Vom Lehnerjoch begeben wir uns anschließend ostseitig zum quer verlaufenden Höhenweg Nr. 911 hinunter **(9)**, ca. 2380 m, biegen auf den weitläufigen Böden nach links ein und wandern am Sockel des Schafhimmel entlang nordwärts. Nach einem Aufstieg wechselt man über einen Geländerücken in die nächste Karmulde, geht diese aus und erreicht im Zickzack am steilen Hang die Scharte neben dem Dreirinnenkogel, wo plötzlich der tiefblaue Wettersee auftaucht. Rasch zu seinem Ufer hinab und kurz darauf zur **Erlanger Hütte (10)**, 2550 m.

3. Tag: Zuerst zurück zum Wettersee und unter die Scharte beim Dreirinnenkogel. Wir bleiben nun diesseits und gewinnen über Schutt und Gletscherschliffe mit letzten Graspolstern allmählich an Höhe. Je nach Jahreszeit legen sich auch Schneeflecken dazwischen. Man peilt den aus Blöcken und Platten bestehenden Ostgrat an und kraxelt in aufsteilendem Gelände, durchaus auch etwas exponiert, bis auf den Gipfel des **Wildgrates (11)**, 2971 m. Steiles Fels- und Blockschuttgelände

Oben: Die Erlanger Hütte, ein veritabler Ötztaler Logenplatz.
Unten: Beim Übergang ins Riegetal wird es plötzlich sehr urwüchsig.

Mitnahmegipfel am 2. Tag: der Schafhimmel.

Ausgesetztes Gelände am Wildgrat.

tritt auch auf der anderen Seite auf. Es geht hinab zu einer Scharte im Westgrat, wo sich der Hans-Raggl-Steig auf die Nordseite wendet und wir entgegengesetzt gen Süden. Im Blockkar kommt man über mehrere Geländeschwellen wieder zum **Großsee (3)** und kann sich bei der Gabelung unterhalb abwechslungshalber für die Route über den Hochzeiger-Gipfel entscheiden. Im Schräganstieg durch abschüssige Schrofenflanken gut 200 Höhenmeter empor und in Gratnähe hinüber zum **Hochzeiger (12)**, 2560 m, der aus dem Seilbahngebiet natürlich sehr häufig bestiegen wird. Im Abstieg zuerst nach Westen, dann auf die Nordwestabdachung abdrehend und dort vom Schutt ins Mattengelände. Nun immer schräg abwärts, später im Linksbogen auf den Fahrweg und mit einer Schleife zur **Mittelstation (1)**.

Ötztaler Alpen

Der Mainzer Höhenweg

Zwischen Rüsselsheimer und Braunschweiger Hütte ★★★

Einer der spektakulärsten Höhensteige Tirols
Nimmt man die Gesamtheit der Anforderungen zusammen, so gebührt dem Mainzer Höhenweg zweifelsohne ein Spitzenplatz in unserer Tourenauswahl. Der Verlauf dieser Gratroute erscheint kühn und verwegen; objektiv betrachtet hat die Unternehmung auch mehr mit einer kombinierten Hochtour als mit gewöhnlichem Bergwandern gemein. Nachdem man vorteilhaft schon am Vortag den Zustieg zur Rüsselsheimer Hütte absolviert hat, wird Richtung Weißmaurachjoch in steilem Bröselgelände schon eine Kostprobe des Bevorstehenden gegeben. Anschließend beginnt der Ernst des Mainzer Höhenweges, der dem Puitkogel auf teilweise kniffligen Traversen ausweichen muss und sich erst vor dem Wassertalkogel wieder der Gratlinie anschmiegt. Dort oben, am Zenit der Route, steht das futuristisch anmutende Rheinland-Pfalz-Biwak, gleichsam als ob ein Ufo auf dem Gipfel gelandet wäre: ein traumhafter Fleck für das Erleben stimmungsvoller Sonnenuntergänge und -aufgänge. Wer hingegen die gesamte Strecke bis zur Braunschweiger Hütte in einem Zug packen möchte, sollte sich seines Leistungsvermögens für einen hochalpinen Gewaltmarsch sicher sein. Man bewegt sich nun überwiegend in Kammnähe um und über der 3000-Meter-Marke, obgleich meist nicht mehr ganz so prekär wie im ersten Abschnitt – und fühlt sich wahrscheinlich wie im siebten Bergsteiger-Himmel. Einen harten Kontrast bietet dann das Finale,

Mit Firnfeldern sollten wir am Mainzer Höhenweg immer rechnen.

Wie ein Ufo steht das Rheinland-Pfalz-Biwak am Wassertalkogel und offeriert eine exklusive Bleibe zwischen Himmel und Erde.

wenn wir auf einem Teilstück des stark frequentierten E5 von der Braunschweiger Hütte talwärts wandern. Doch mit solch einer gemeisterten Herausforderung im Rucksack lässt sich das Erlebnis kaum mehr trüben. Für gestandene Bergfexe zählt der Mainzer Höhenweg fraglos zu den spannendsten Höhenrouten nicht nur in Tirol, sondern alpenweit!

KURZINFO

Ausgangspunkt: Hüttenparkplatz, ca. 1600 m, kurz vor Plangeross im hinteren Pitztal. Der Linienbus von Imst hält in der Ortschaft.
Endpunkt: Mittelberg, 1736 m, im innersten Pitztal. Anschließend mit dem Bus talauswärts.
Etappendaten:
▶ **1. Tag:** 720 Hm↑, 2 Std.
▶ **2. Tag:** 1130 Hm↑, 200 Hm↓, 6 Std.
▶ **3. Tag:** 300 Hm↑, 1810 Hm↓, 5.30 Std.
▶ **Gesamt:** 2150 Hm↑, 2010 Hm↓, 13.30 Std.
Anforderungen: Sehr anspruchsvolle hochalpine Tour in kombiniertem Gelände bis zum Schwierigkeitsgrad T5. Neben Felspassagen (I. Grad sowie einige gesicherte Schlüsselstellen) ist auch mit Eistraversen zu rechnen (meist Steigeisen erforderlich). Abschnittsweise komplizierte Routenführung, trotz Markierung

Drinnen im »5-Sterne-Hotel« …

Blickfang im Süden ist die Wildspitze, höchster Gipfel Nordtirols.

keine durchgängige Wegtrasse, jüngst ausgeaperte Zonen sind teilweise heikel instabil. Alle Grundtugenden hinsichtlich Bergerfahrung, Trittsicherheit, Orientierungsvermögen und Ausdauer müssen auf hohem Niveau erfüllt sein. Die Tour ist nur bei guten Verhältnissen und stabilem Wetter ratsam!

Maximale Höhe: Wassertalkogel, 3252 m.

Einkehr/Übernachtung:
1. Tag: Rüsselsheimer Hütte, 2323 m, DAV, Mitte Juni bis Ende September, Tel. +43 5413 20300.
2. Tag: Rheinland-Pfalz-Biwak, 3247 m, DAV, stets offen (9 Lager).
3. Tag: Braunschweiger Hütte, 2758 m, DAV, Mitte Juni bis Ende September, Tel. +43 664 5353722. Jausenstation Gletscherstube, 1891 m.

Karten: AV-Karte 1:25.000, Blatt 30/5 »Geigenkamm«. Freytag & Berndt 1:50.000, Blatt 251 »Ötztal – Pitztal – Kaunertal – Wildspitze«.

1. Tag: Gegenüber dem **Parkplatz (1)** beginnt der Hüttenweg am licht bewachsenen Hang links vom Kitzlesbach. Etwas zur Seite ausbiegend schraubt er sich in steilen Hängen gleichmäßig in die Höhe. Zwischendurch wird ein sekundärer Graben gekreuzt. Ansonsten reiht sich Kehre an Kehre, die nach oben hin ziemlich großzügig angelegt sind. Nach zwei Gehstunden erreichen wir die **Rüsselsheimer Hütte (2)**, 2323 m, an der Karschwelle und können nun so richtig die genau gegenüberliegende Watze würdigen.

2. Tag: Wir begeben uns kareinwärts zur ersten Verzweigung und halten uns dort rechts. An einem Moränenhang hinauf zur Schwelle des Weißmaurachkars, hinter der sich ein Schmelzwassersee verbirgt. Auf der linken Seite vorübergehend flacher weiter, bevor die erdige Blockschutthalde gegen das **Weiß-**

Zwischendurch bringen felsige Kraxelpassagen zusätzlich Pep ins Spiel.

maurachjoch (3), 2953 m, kräftig aufsteilt. Mühsam und teils mit Kettenhilfe arbeiten wir uns bis in den Sattel empor. Dort rechts am Blockrücken des Puitkogels noch ein Stück aufwärts, bis die Markierung zu einer Traverse ansetzt. Richtpunkt ist eine Signalstange an einer ausgeprägten Rippe. Gleich dahinter geht es mit Kettensicherung an einer Plattenwand schräg abwärts – die erste Schlüsselstelle. Im kleinen Karkessel des Nördlichen Puitkogelferners überwiegt mittlerweile Blockschutt bei nur noch wenig Firn oder Resteis. Gegenüber ersteigen wir wiederum gesichert recht kompakte Felsen hinauf zu einer Geländeverebnung. Doch die nächste Hürde ist nicht weit: Man steigt in eine grimmige Rinne ein und tastet sich erneut mithilfe von Ketten vorsichtig zum Südlichen Puitkogelferner hinab. Hier steht derzeit noch eine nennenswerte Eistraverse bevor, und zwar leicht abwärts in die jenseits auftretenden Blockschuttfelder, die teils ebenfalls mit Eis unterfüttert sind (stellenweise Abrutschgefahr!). Die optimale Route ist nicht immer klar ersichtlich, etwaige Markierungen auf Blöcken machen sich zuweilen selbstständig. Nun geht es um den nächsten Sporn herum (Ketten), quer durch eine weitere blockreiche Hangbucht und am darauffolgenden markanten Eck dann aufwärts abdrehend in das Firnkar südlich des Sonnenkogels. Für eine Weile dürfen wir hier mit weniger widerspenstigen Gegebenheiten rechnen, bevor die Route nochmals durch steile, morsche Felszonen zur Grathöhe aufschließt (vereinzelt Sicherungen). Von einer Einschartung zur nächsten, wo der einzig mögliche, aber keineswegs harmlose Notabstieg nach Mandar-

Ötztaler Alpen

fen abzweigt. Wir bleiben indes am felsigen Grat, bewältigen noch einige kurze Kletterstellen (I) und erreichen zuletzt leichter über Blockschutt das Rheinland-Pfalz-Biwak (4), 3247 m, am Wassertalkogel, wenige Meter unterhalb des höchsten Punktes.

3. Tag: Der zweite Abschnitt des Mainzer Höhenweges beginnt mit einem Abstieg am Gratrücken, bald schon einige Meter in die Westflanke ausweichend und mit der einen oder anderen Kraxelstelle garniert. Nach einer kleinen Gegensteigung überschreiten wir den Gschrappkogel (5), 3197 m, als nächsten halbwegs eigenständigen Gipfel. Die folgende Stunde ist im Detail recht verzwickt, weil man im Verlauf des Grates doch um einige Hindernisse lavieren und deshalb auch immer wieder etwas in die Westseite ausbiegen muss. Blockiges und plattiges Felsgelände wechselt mit erdigem Untergrund, einzelne Passagen sind gesichert (einmal auch mit Leiter). Über den Wurmsitzkogel (6), 3079 m, und das wenig herausgehobene Wilde Mannle verlieren wir nur langsam an Höhe. Weiter im Bereich eines breiten Blockrückens zum Nördlichen Pollesjoch und über einen kleinen Gendarm zum Abzweig des neuen Franz-Auer-Steiges (7). Dort geht es auf guter Spur ein Stück abwärts, dann oberhalb der Silbergrube entlang in eine Schneemulde. Aus dieser nochmals mit Kettenunterstützung steil empor auf den

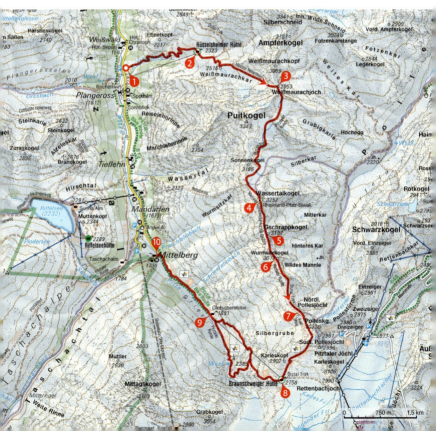

Oben: Zauber der Berge – Sonnenuntergang am Wassertalkogel.
Rechts: »Gratwegs« der Skyline des Ötztaler Weißkamms entgegen …

Zweiggrat bei P. 2966, wo der gut ausgebaute Weg zwischen Braunschweiger Hütte und Pitztaler Jöchl (auch E5) vorbeiführt. Diesen nehmen wir jetzt im Bergab und erreichen mit zwei Kehren den Zielpunkt bei der stark frequentierten **Braunschweiger Hütte (8)**, 2758 m.
Von dort windet sich unser Steig westwärts relativ steil bergab. Auf rund 2385 Metern muss man sich entscheiden: entweder mit dem stärker ausgetretenen **Wasserfallweg** durch eindrucksvolles Schliffterrain in zeitweise unmittelbarer Nähe des rauschenden Gletscherabflusses abwärts bis in die Talsohle oder – vielleicht noch schöner – nach rechts auf den **Jägersteig**. Dieser schlängelt sich teils gesichert durch die Steilflanken, vollzieht dabei eine minimale Gegensteigung und führt nach einigen Bach- und Rinnenquerungen im Bereich der Weißen Muhr ebenfalls zur Materialseilbahn hinunter. An der **Gletscherstube (9)**, 1891 m, vorbei bummeln wir schließlich das letzte Stück hinaus nach **Mittelberg (10)**, 1736 m.

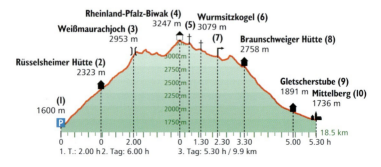

Ötztaler Alpen

11 Venter Gipfelrunde

Über Wildes Mannle, Guslarspitzen und Saykogel

Großartige Übergänge im Bergsteiger-Mekka der Ötztaler Alpen
Tirol hat herrlich gelegene Bergdörfer wahrlich en masse zu bieten, doch kaum eines weist eine so majestätische Bergumrahmung auf wie Vent. In der zweiten Hälfte des 19. Jahrhunderts kam – nicht zuletzt durch die Initiative des damaligen Kuraten und Mitbegründers des Deutschen Alpenvereins Franz Senn – eine nachhaltige Entwicklung in Gang, die ausgerechnet dieses weltverlorene, ärmliche Bergnest in den Fokus rückte. Vent wurde touristisch entdeckt, und in dieser Tradition ist es nur folgerichtig, dass es sich heute das vom Alpenverein ins Leben gerufene Label »Bergsteigerdorf« anheften kann. Zumal Vent – im Gegensatz etwa zum benachbarten Obergurgl – von umweltfressenden Erschließungen weitgehend verschont geblieben ist. Wanderer und Hochtourengeher fühlen sich hier zuhause und dürfen gleichsam aus dem Vollen schöpfen. Wer seinen Streifzug über Breslauer Hütte, Vernagthütte und Hochjochhospiz absolviert, bekommt auch auf leichten Wegen einen guten Eindruck von der Gegend, speziell über dem inneren Rofental. Doch locken ja gerade im Herzen der Ötztaler Alpen auch die Dreitausender. Mit dem Wilden Mannle finden wir zum Auftakt bereits den perfekten Logenplatz vor der alles überragenden Wildspitze. Von der Breslauer Hütte bringt uns der altehrwürdige Seuffertweg hinüber ins Vernagtgebiet, wo die Guslarspitzen mittlerweile eisfrei auf einem neuen Steig überschritten werden können. Im Anschluss an eine Nächtigung im Hochjochhospiz krönt die Saykogel-Etappe hinüber zur Martin-Busch-Hütte unsere Venter Runde – hochalpine Impressionen aus der Welt der Gletscher inklusive.

Zwischenstation am 2. Tag: die Vernagthütte.

Zum Auftakt aufs Wilde Mannle – ein großartiger Aussichtspunkt.

KURZINFO

Ausgangspunkt: Vent, 1896 m, im hinteren Ötztal. Busverbindung von Ötztal-Bahnhof über Sölden (manche Kurse mit Umstieg).
Endpunkt: Wie Ausgangspunkt.
Etappendaten:
▶ **1. Tag:** 1230 Hm↑, 280 Hm↓, 4.15 Std.
▶ **2. Tag:** 770 Hm↑, 1200 Hm↓, 5.45 Std.
▶ **3. Tag:** 1100 Hm↑, 1620 Hm↓, 7.30 Std.
▶ **Gesamt:** 3100 Hm↑↓, 17.30 Std.
Anforderungen: In den Gipfelbereichen der Dreitausender meist blockreicher Untergrund, speziell am Saykogel auch kurzzeitig etwas exponierte Felspassagen im I. Grad (hier bis T4, sonst meist noch etwas leichter). Trittsicherheit und grundsätzliche Schwindelfreiheit wichtig, zudem ist die beachtliche Höhenlage ins Kalkül zu ziehen. Gute Kondition verlangt vor allem die letzte Etappe, wenn sie bis Vent durchgezogen wird.

Am Fuß der Wildspitze quert der Seuffertweg durch die Flanken.

Gipfel im Vernagtgebiet: Fluchtkogel (rechts) und Kesselwandspitze.

Maximale Höhe: Saykogel, 3355 m.
Einkehr/Übernachtung:
1. Tag: Restaurant Stablein, 2356 m. Breslauer Hütte, 2844 m, DAV, Mitte Juni bis Ende September, Tel. +43 664 5300898.
2. Tag: Vernagthütte, 2755 m, DAV, Anfang Juli bis Mitte September, Tel. +43 664 1412119. Hochjochhospiz, 2413 m, DAV, Ende Juni bis Ende September, Tel. +43 664 7980757.
3. Tag: Martin-Busch-Hütte, 2501 m, DAV, Ende Juni bis Ende September, Tel. +43 5254 8130 oder +43 664 3043151.
Varianten:
1. Bei Auslassen des Wilden Mannle benötigt man bis zur Breslauer Hütte nur 2.45 Std., ab Liftstation Stablein gar nur 1.30 Std. Damit eventuell auch als zweitägiges Programm möglich.
2. Von der Vernagthütte über den leichten Hangweg in 1.45 Std. zum Hochjochhospiz.
3. Vom Hochjochhospiz in rund 2.30 Std. durchs Rofental zurück nach Vent. Berücksichtigt man alle drei Varianten, bleibt die Tour komplett »blau« und ist auch für Familien mit Kindern sehr gut geeignet.
Karten: AV-Karte 1:25.000, Blätter 30/1 »Gurgl« und 30/2 »Weißkugel«. Freytag & Berndt 1:50.000, Blatt 251 »Ötztal – Pitztal – Kaunertal – Wildspitze«.

1. Tag: Von **Vent (1)**, 1896 m, begeben wir uns an der freien südostseitigen Berglehne aufwärts und unterqueren mit unseren Schleifen mehrmals die Sessellift-Trasse. Man gelangt auf den Geländebalkon von **Stablein (2)**, 2356 m, mit Restaurant und Bergstation. Nun auf gutem Weg schräg links ansteigend, bis auf ca. 2530 Metern die Route zum Wilden Mannle abzweigt **(3)**. Unter einem Skilift hindurch treten wir in kargeres Gelände ein und erreichen mit einigen gesicherten Passagen im Bereich des blockigen Südgrates das Kreuz auf dem **Wilden Mannle (4)**, 3023 m. Auf der Fortsetzung folgen wir zunächst dem

Ötztaler Alpen

Blockrücken weiter gen Norden und kraxeln dann auf der linken Seite über eine Steilstufe (nochmals Drahtseile) hinab. Man kommt auf eine Moräne und durchquert die Mulde des Rofenkars samt Gletscherabfluss. Bei der anschließenden Traverse durch Blockschutt und Schrofen müssen wir Richtung Breslauer Hütte (5), 2844 m, nochmals ein wenig ansteigen.

2. Tag: Im ersten Teil dieser zweigeteilten Etappe führt der Seuffertweg mit geringen Höhenunterschieden hinein ins Mitterkar, das über mehrere Bäche und Moränenwälle ausgegangen wird. Im weiteren Verlauf queren wir einen vom Vorderen Brochkogel vorspringenden Hangrücken durch leicht exponiertes Geschröf sowie das wenig ausgeprägte Platteikar. Bei einem flachgründigen See »Auf Plattei« (6) wird ein markantes Geländeeck erreicht, wo sich

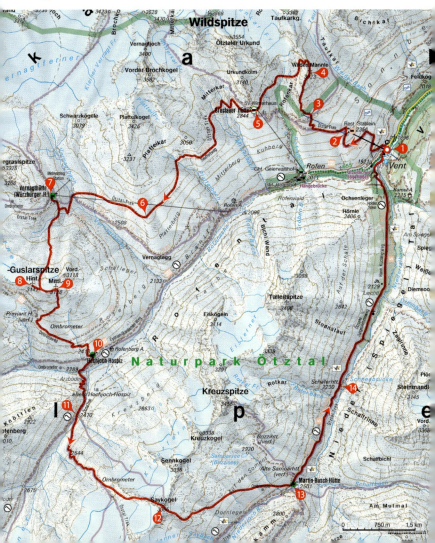

Rostbrauner Gneis und Gletschereis: die zentralen Ötztaler Alpen tragen ein ganz eigenes, unverwechselbares Flair.

erstmals der Vernagtkessel öffnet. Wir biegen in den großen Geländeeinschnitt ein und wandern durch typisches Blockschuttgelände leicht abwärts zur massiven Brücke über den Vernagtbach. Am Gegenhang warten nochmals rund 170 Höhenmeter, ehe wir bei der **Vernagthütte (7)**, 2755 m, eintreffen.

Der neue Weg Richtung Guslarspitzen zweigt etwas unterhalb der Hütte nach rechts ab, kreuzt den Abfluss des Guslarferners (Brücke) und steigt im rotbraunen Blockschuttgelände an. Man orientiert sich mehr auf die Seite der Hinteren Guslarspitze und erreicht steiler den breiten Bergsattel P. 3090. Eine nicht markierte Spur leitet nach rechts auf die **Hintere Guslarspitze (8)**, 3147 m, während die Farbzeichen entgegengesetzt zum Alpenvereinskreuz auf der **Mittleren Guslarspitze (9)**, 3128 m, hinüberziehen. Der Abstieg setzt kurz

Panoramawandern auf der Venter Runde, hier beim Abstieg von den Guslarspitzen zum Hochjochhospiz am Ende des 2. Tages.

vor dem Gipfel ein und führt auf teils sandiger Spur über diverse Geländeabstufungen tiefer. Rechts haltend zur Einmündung in den Deloretteweg und durch die Schafweiden schräg hinab – zuletzt mit zwei Kehren – zum **Hochjochhospiz (10)**, 2413 m.

3. Tag: Zu Beginn steigen wir 15 Minuten bis zur Rofenache ab, überschreiten die Hängebrücke, 2289 m, und gewinnen am Gegenhang in Kehren wieder an Höhe. Man befindet sich hier auf der Route zum Hochjoch und verlässt diese bei P. 2470 **(11)** nach links. Damit auch über den Abfluss des Hochjochferners auf die andere Seite und dort vorerst unweit der Talsohle nur leicht ansteigend. Nach einer Weile geht es zielstrebiger über die Blockschutthänge bergwärts. Richtung 3000-Meter-Marke wird der Steig allmählich holpriger. Wo sich der Nordwestgrat des Saykogels aus den Moränenfluren aufschwingt, passieren wir einen Niederschlagsmesser (Ombrometer) und kommen an der rechtsseitigen Abdachung voran. Weiter südlich erstreckt sich der Hochjochferner. Auf rund 3200 Meter Höhe schließt unsere Route zum blockigen Grat auf. Wir bewältigen einige Kletterstellen (I), weichen unterhalb des Gipfels nochmals in die Flanke aus und gewinnen

Am Saykogel befinden wir uns auf Augenhöhe mit Hauslabkogel und Fineilspitze, die sich mit dem Hochjochferner schmückt.

Weit schiebt sich die Zunge des Hintereisferners durch den Trog hinaus.

den höchsten Punkt des **Saykogels (12)**, 3355 m, am Schluss von Süden mittels kurzen Abstechers.
Im Bergab folgt man anfangs dem Südgrat und wendet sich dann auf die Ostrippe, die sich allmählich in Blockhalden verliert. Links abdrehend schließt sich weiter unten via Grünkachel eine längere Diagonale über Schafweiden an, die – hin und wieder mal einen Bachlauf kreuzend – bei der **Martin-Busch-Hütte (13)**, 2501 m, im Niedertal ausläuft. Die verbleibende Strecke bis Vent beträgt noch fast 8 Kilometer, gestaltet sich allerdings auf einem Fahrweg denkbar unkompliziert. Wir passieren zwischendrin die karge **Schäferhütte (14)**, 2230 m, und nähern uns in sachtem Gefälle dem Zusammenfluss von Niedertaler Ache und Rofenache. Schließlich über die Brücke ins Ortsgebiet von **Vent (1)**.

Stubaier Alpen

Im Söldener Windachtal

Über den Brunnenkogel bis zur Siegerlandhütte ★★

Drei schmucke Berghütten auf Söldens stiller Seite
Der Ort Sölden im Ötztal wird meist verbunden mit der härteren, gleichsam industriellen Variante des Fremdenverkehrs, welche speziell im Winter das Regiment übernimmt. Raumgreifende Erschließungen haben vor allem auf der westlichen Seite rund um das Rettenbachtal stattgefunden, während das gegenüberliegende Windachtal davon erstaunlicherweise verschont geblieben ist. Tourismusstrategen werben heute gern mit dem Slogan von »Söldens stiller Seite«, um aufzuzeigen, dass diese Destination nicht allein das berühmte Ski-Mekka verkörpert, sondern auch dem naturverbundenen Sommergast authentische Bergerlebnisse bietet. Insgesamt befinden sich vier echte Berghütten sowie eine Handvoll bewirtschafteter Almen im Einzugsbereich des Windachtals. Im Rahmen eines mittelschweren Wochenendprogramms – konzipiert über drei Tage – werden hier die Gipfelhütte auf dem Brunnenkogel (ein Logenplatz der Extraklasse!), die altehrwürdige Hildesheimer Hütte sowie die ganz zuhinterst gelegene Siegerlandhütte miteinander verbunden. Nicht zu übersehen ist die hochalpine Ausstrahlung: Die Schutzhäuser liegen in stattlichen Höhen zwischen 2700 und 2900 Metern, und zwischendrin erreichen wir im Angesicht fels- und eisstarrender Gipfel sogar einmal die 3000-Meter-Marke. Trotzdem ist der wandertechnische Anspruch vergleichsweise moderat. Wer sich im Übrigen eine ganze Woche Zeit nehmen möchte, kann eine erweiterte Hochstubai-Tour planen, sogar inklusive eines Seitensprungs auf die Südtiroler Seite. Ausführlich beschrieben ist sie im Rother-Wanderführer »Trekking im Ötztal – Pitztal«.

Der tiefblaue Triebenkarsee verzückt uns beim Übergang zwischen Hildesheimer und Siegerlandhütte.

Vom Brunnenkogel erfasst man die zum Hauptkamm ausgreifenden Täler von Gurgl und Vent, die den wuchtigen Nederkogel einschließen.

KURZINFO

Ausgangspunkt: Sölden, 1368 m, im Ötztal. Parkplatz und Bushaltestelle bei der Gaislachkogelbahn im südlichen Ortsbereich.

Endpunkt: Wie Ausgangspunkt. Ab Fiegl's Hütte verkehrt ein Wanderbus talwärts (ca. dreimal am Nachmittag).

Etappendaten:
- ▶ **1. Tag:** 1370 Hm↑, 4 Std.
- ▶ **2. Tag:** 1000 Hm↑, 840 Hm↓, 4.45 Std.
- ▶ **3. Tag:** 510 Hm↑, 2040 Hm↓, 7.15 Std.
- ▶ **Gesamt:** 2880 Hm↑↓, 16 Std.

Anforderungen: Überwiegend gut ausgebaute Bergwege, teilweise mit Platten trassiert. Etwas anspruchsvoller mit abschüssigem Blockschutt und kurzen gesicherten Passagen ist der Übergang via Gamsplatzl; Schneefelder können hier heikel sein. In diesem Abschnitt zumindest T3, sonst maximal T2–3. Konditionell normale Anforderungen, der Abstieg bis ins Tal zieht sich allerdings.

Maximale Höhe: Gamsplatzl, 3018 m.

Einkehr/Übernachtung:

1. Tag: Brunnenbergalm, 1972 m. Brunnenkogelhaus, 2738 m, privat, Mitte Juni bis Ende September, Tel. +43 664 1234206.

2. Tag: Hildesheimer Hütte, 2899 m, DAV, Ende Juni bis Mitte/Ende September, Tel. +43 5254 2300.

3. Tag: Siegerlandhütte, 2710 m, DAV, Ende Juni bis Ende September, Tel. +43 664 2414040. Fiegl's Hütte, 1956 m. Lochlealm, 1870 m.

Varianten:

1. Aufstieg zur Hildesheimer Hütte über den Gaiskarsteig.

2. Man kann am 2. Tag auch zunächst zur Siegerlandhütte aufsteigen, dort übernachten und den Übergang zur Hildesheimer Hütte in umgekehrter Richtung absolvieren.

Karten: AV-Karte 1:25.000, Blatt 31/1 »Hochstubai«. Freytag & Berndt 1:50.000, Blatt 251 »Ötztal – Pitztal – Kaunertal – Wildspitze«.

Oben: Großartige Eindrücke fangen wir auch im Schönkar, einem Geländebalkon über dem Windachtal, ein.
Unten: Auf stattlichen 2900 Meter Höhe empfängt uns die Hildesheimer Hütte.

1. Tag: Vom großen Parkplatz bei der Gaislachkogelbahn in **Sölden (1)**, 1368 m, geht es südwärts, über die Brücke und zum Beginn des Bergweges, der vorübergehend nochmal von einer Forststraße abgelöst wird. Dann wählen wir aber wieder den abkürzenden Steig, nehmen den Zugang vom Ortsteil Windau auf und kommen auf die Lichtung der Stabelealm. Bereits vor der Hütte links hinauf zur **Brunnenbergalm (2)**, 1972 m, einer der ältesten bewirtschafteten Almen in Tirol. Auf der nordwestlichen Geländeabdachung vorerst noch bewaldet weiter bergauf. Zirben und Lärchen lichten sich allmählich und bleiben zwischen 2200 und 2300 Meter Höhe schließlich ganz zurück. Man vollzieht eine nur mäßig ansteigende Traverse gen Süden, bevor in Falllinie des Brunnenkogels ein Zickzackkurs einsetzt. Weiter oben etwas nach Norden ausholend und stets auf gutem Steig bis zum **Brunnenkogelhaus (3)**, 2738 m, direkt auf dem Gipfel.

2. Tag: Wir steigen in den nahe gelegenen Sattel ab und von dort nach links in eine Karmulde (sofern vorher nicht noch ein Abstecher auf die **Rotspitze**, 2894 m, unternommen werden soll). Auf Plattenweg mit etwas Gegenanstieg an einer Gratrippe vorbei und dahinter ins weitläufige, grüne Schönkar. Die Wegspur zieht ganz rechts hinüber, wo auf gut 2400 Metern der Zugang zum Wannenkarsee abzweigt **(4)** – ebenfalls ein lohnender Abstecher. 100 Meter tiefer stoßen wir auf den Querweg von der Brunnenbergalm. Jetzt nach rechts, ein Stück weit annähernd die Höhe haltend, ehe sich der Steig abwärts windet und derweil in den Wald eintaucht. Nach zweimaligem Kreuzen des Abflusses aus dem Wannenkar kommen wir in der Sohle des **Windachtals (5)**, ca. 1940 m, rund 600 Meter hinter Fiegl's Hütte heraus und überschreiten die massive Brücke.

Nun auf breitem Karrenweg sachte ansteigend taleinwärts, bis nach etwa zwei Kilometern der Ludwig-Aschenbrenner-Weg zur Hildesheimer Hütte ausgewiesen wird **(6)**, 2122 m. Dieser schraubt sich an den südwestseitigen Schafmatten weit empor, aufgrund der ausgiebigen Serpentinen meist nur mäßig steil. Wo er über eine Art Schulter hinwegzieht, gelangt erstmals das Tagesziel in Blick. Wir gehen eine Blockmulde aus, nehmen den alter-

nativen Gaiskarsteig auf und absolvieren das restliche Bergauf am teils mit Platten ausgelegten Kehrenweg hinauf zur **Hildesheimer Hütte (7)**, 2899 m.

3. Tag: Zunächst müssen wir wieder etwas Höhe hergeben, anfangs am Hüttenweg, dann links abzweigend zum Übertritt am Gaisbach. Ein paar

Das alpinste Teilstück verbindet Hildesheimer und Siegerlandhütte.

Steinmann am Gamsplatzl, überragt von der Gaisspitze.

Stubaier Alpen

Meter höher quert man an der Karschwelle entlang, kreuzt einen weiteren Gletscherabfluss und ersteigt anschließend den steilen Blockschutthang (stellenweise Drahtseile). Der Plattenweg bringt uns hinauf zur Verflachung am **Gamsplatzl (8)**, 3018 m, flankiert vom markanten Gaiskogel. Jenseits der Einsattelung auf steiler, erdiger Spur bergab (eventuell einzelne Schneefelder). Von einem Absatz an einem Geländesporn nach rechts, läuft die Route allmählich ins ausgedehnte Triebenkar hinein. Wir durchschreiten es flach oberhalb des großen Sees, gelangen über einige Abflüsse auf die Ostseite und queren in leichtem Auf und Ab die Blockschutt- und Schrofenflanken hinüber zur **Siegerlandhütte (9)**, 2710 m.

Von dort mäßig steil in den weiten Geländekessel hinab. Wir halten uns anfangs links, dann deutlich rechts und nochmals links zur Materialseilbahn, womit der Bach mehrfach gekreuzt wird. Nach abermaligem

Wolkenfetzen treiben im inneren Windachtal.

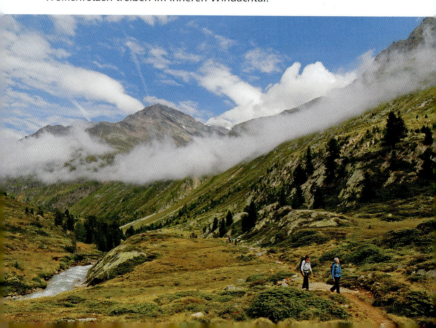

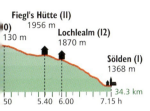

Wie ein Adlerhorst thront das Brunnenkogelhaus auf dem Gipfel.

Wechsel auf die rechte Seite geht es am Windachklamml vorbei und sehr flach talaus. Erst nach geraumer Zeit gewinnt man Anschluss zum Fahrweg bei der Materialseilbahn der Hildesheimer Hütte **(10)**, mit dem Abzweig des Gaiskarsteiges. Ein paar Gehminuten weiter vorn auch am Ludwig-Aschenbrenner-Weg **(6)** vorbei und auf bekannter Strecke Richtung **Fiegl's Hütte (11)**, 1956 m, im mittleren Abschnitt des Windachtals. Einkehr bietet im Folgenden auch die urige **Lochlealm (12)**, 1870 m. Unterhalb bildet das Hochtal eine Schlucht aus. Wir bleiben vorerst am rechten Hang und schlagen dann den Steig talwärts ein, später dem Hinweis »Sölden Windau« folgend. Man wechselt auf die linke Seite, begeht hier vorübergehend den interessanten Waalweg und wandert schließlich angenehm durch Wald bis ins Siedlungsgebiet von **Sölden** hinunter. Durch den Ortsteil Windau nach Süden und über die Brücke zur Gaislachkogelbahn **(1)**.

Talauswärts kommen wir an der einladenden Lochlealm vorbei.

Stubaier Alpen

13 · Gipfelpotpourri um die Schweinfurter Hütte

Eine Handvoll Berge über dem Horlachtal ★★★

3000   zweimal knapp drunter und dreimal drüber
Wer den Namen Horlachtal hört, weiß auf Anhieb vielleicht gar nicht so viel damit anzufangen. Dabei handelt es sich um ein richtig feines, zentralalpines Wanderdorado. Wir befinden uns hier in den Stubaier Alpen, genauer gesagt den Südwestlichen Sellrainer Bergen, die sich touristisch allerdings zum vorderen Ötztal hin ausrichten. Als Basislager für diese Tour dient die nette, von Carmen und Andreas Jeitner bestens geführte Schweinfurter Hütte, von der wir sternartig zu den umliegenden Gipfeln ausschwärmen wollen. Bis zu vier Tage sind dafür anberaumt – was freilich optionalen Charakter besitzt, denn man kann die eine oder andere Besteigung natürlich auch auslassen. Dreimal 3000 und zweimal 2900 – solch ein Programm mag eine gewisse Ambition unterstreichen. Wer zeitig dran ist, kann nach dem wenig anstrengenden zweistündigen Zustieg ab Niederthai bereits einen ersten Gipfel »machen« – vorzugsweise vielleicht die relativ moderate Kraspesspitze, die durchs Weite Kar erreicht wird. Das Horlacher Steinkar hinauf zum Hochreichkopf zeigt sich schon beschwerlicher, doch gewährt gerade dieser Berg ein Ötztal-Panorama der Extraklasse. Mehr ins Innere der Stubaier Alpen orientiert liegen Gleirscher und Zwieselbacher Roßkogel. Pfiffig wäre natürlich die direkte Gratüberschreitung, mit Stellen im II. und III. Grad aller-

Von der Schweinfurter Hütte aus lässt sich eine ganze Reihe von Gipfeln auf markierten Routen besteigen.

Beim Aufstieg zur Kraspesspitze. Ob sich die Hangwolken verziehen?

dings etwas happig für die Zielgruppe der Alpinwanderer. Deshalb nehmen wir einen Umweg via Roßkar und Walfeskar in Kauf oder beschränken uns je nach Gusto auf einen der beiden (wobei sich der Zwieselbacher eine Nummer grimmiger gebärdet). Wer sich vom allgegenwärtigen Blockschutt nicht unterkriegen lässt, den dürfte auch die Abschlussetappe mit der Hohen Wasserfalle begeistern. Ein etwas kurioser Name für einen Berg, der über weltverlorenen Karen aufragt und uns nach einigen Mühen abermals aus dem 3000er-Stockwerk in die Runde schauen lässt. Über das Gruejoch kann später unmittelbar der Übergang zurück Richtung Niederthai vollzogen werden. Nach diesem ausführlichen Programm wird das Horlachtal jedenfalls keine »Terra incognita« mehr sein ...

Am Weg zu Hochreichkopf respektive Hoher Wasserfalle passieren wir die urige Finstertaler Alm.

Auf abgelegenen Sommerweiden werden Wanderer neugierig beäugt.

KURZINFO

Ausgangspunkt: Niederthai, 1538 m, im Horlachtal, das bei Umhausen vom Ötztal abzweigt. Gebührenpflichtiger Parkplatz; Busverbindung von Ötztal-Bahnhof mit Umstieg in Umhausen.
Endpunkt: Wie Ausgangspunkt.
Etappendaten:
▶ **1. Tag:** 1450 Hm↑, 950 Hm↓, 7 Std.
▶ **2. Tag:** 1030 Hm↑↓, 5.20 Std.
▶ **3. Tag:** 1640 Hm↑↓, 8.30 Std.
▶ **4. Tag:** 1180 Hm↑, 1680 Hm↓, 7.40 Std.
▶ **Gesamt:** 5300 Hm↑↓, 28.30 Std.
Anforderungen: Teils mittelschwere, teils schon recht anspruchsvolle Gipfeltouren im Bereich um die 3000-Meter-Marke, allesamt auf markierten Routen durch Matten und Blockschuttgelände, nur vereinzelt leichte Felsstellen im I. Grad. Trittsicherheit sollte je nach Schwierigkeitsgrad solide bis gut ausgeprägt sein: Kraspesspitze T3, Hochreichkopf T3–4, Gleirscher Roßkogel T3, Zwieselba-

Blick vom Hochreichkopf bis zum Wetterstein-Mieminger-Gebirge.

cher Roßkogel T4, Hohe Wasserfalle T4. Konditionell recht strammes Programm, das sich aber auch abspecken lässt.
Maximale Höhe: Zwieselbacher Roßkogel, 3081 m.
Einkehr/Übernachtung:
1.-3. Tag: Schweinfurter Hütte, 2034 m, DAV, Mitte Juni bis Anfang Oktober, Tel. +43 5255 50029.
Variante: Am letzten Tag können gegen Ende Poschachkogel und Narrenkogel überschritten werden (etwas länger).
Karten: AV-Karte 1:25.000, Blatt 31/2 »Sellrain«. Freytag & Berndt 1:50.000, Blatt 251 »Ötztal – Pitztal – Kaunertal – Wildspitze«.

1. Tag: Von Niederthai (1), 1538 m, geht es schnurstracks und mit wenig Mühe taleinwärts. Immer rechts am rauschenden Bach entlang kommen wir auf halbem Wege zur bewirtschafteten Larstigalm (2), 1777 m, in der Karte meist als Larstighof bezeichnet. Rund anderthalb Kilome-

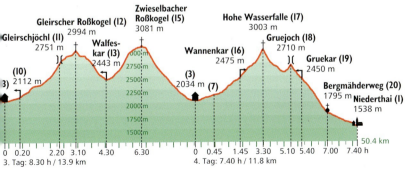

ter weiter setzt der breite Fahrweg auf die linke Seite über und führt zur Kleinen und Großen Horlachalm (jeweils Jausenstationen). Wir können allerdings vorerst diesseits bleiben und den Horlachbach sowie den Weitkarbach etwas später auf einem Steig kreuzen. So oder so treffen wir bald bei der **Schweinfurter Hütte (3)**, 2034 m, ein.

Bereits knapp unterhalb beginnt der »Gubener Weg« (Nr. 146) Richtung Finstertaler Scharte. Die erste halbe bis dreiviertel Stunde steigt er recht kräftig durch üppig bewachsenes Gelände an. Auf den Hängen der Zwieselbachalm wird er dann moderater, zeitweise neben einem Bachlauf. Im **Weiten Kar (4)** gabelt sich die Route auf knapp 2600 Metern. Während die Haupttrasse linker Hand über die Toten Böden direkt gegen die Scharte hinaufzieht, halten wir uns rechts in die abgestuften Hochkare. Zwischenzeitlich über steileren Blockschutt und aus der obersten Bucht an einer Verzweigung vorbei gegen den Gipfel hinan. Ein erdiger Steig, am Schluss felsdurchsetzt, leitet ohne nennenswerte Hürden bis zum Kreuz auf der **Kraspesspitze (5)**, 2954 m.

Zurück bei der erwähnten Verzweigung schlagen wir zur Abwechslung eine Querverbindung ein, die über den Langschrofen-Rücken führt und immer etwas südlich des zerklüfteten Grats bleibt (teilweise blockig). Nach einigen steileren Windungen im Bergab wieder querend und kurz ansteigend in die **Finstertaler Scharte (6)**, 2777 m. Von dort südwärts

Bequemer Zustieg zur Schweinfurter Hütte.

über die Toten Böden ins Weite Kar hinab und auf bekannter Route zurück zur Schweinfurter Hütte (3).

2. Tag: Anfangs kurz abwärts, bis wir rechts den AV-Weg Nr. 147 (Wilhelm-Oltrogge-Weg) aufnehmen können. Am licht bewaldeten Hang quert man leicht aufwärts und gelangt bald in die Nähe der kleinen Finstertaler Alm (7), 2147 m, die aber links auf der anderen Bachseite bleibt. An einem steileren Hang werden vorübergehend einige Kehren absolviert, ehe es erneut flacher Richtung Kleines Horlacher Steinkar weitergeht. Dort kommen wir auf einen blockdurchsetzten Rücken und folgen ihm bis zur Schwelle ins Hochkar, das zwei kleine Seen verbirgt. Mitunter über Schnee, ab Sommermitte jedoch normalerweise über apere Blockschuttfelder auf der rechten Seite der Mulde voran und zum Schluss steil und etwas rutschig in die enge Hochreich-

Hoch gelegene Seemulde am Zwieselbacher Roßkogel.

Ansporn für Dreitausender-Sammler: die Hohe Wasserfalle.

scharte (8), 2912 m, die den Scheitelpunkt am Oltroggeweg markiert. Schließlich noch über die restlichen 100 Höhenmeter am Gipfelaufbau des **Hochreichkopfes (9)**, 3010 m, empor, wobei das Gelände zwar felsdurchsetzt ist, aber kaum einmal Kletterei verlangt. Nach Würdigung der überwältigenden Aussicht geht es auf demselben Weg zurück.

3. Tag: Heute wandern wir von der Schweinfurter Hütte hinein ins Zwieselbachtal – wie die alpine Fortsetzung des Horlachtals heißt –, passieren in Kürze die Zwieselbacher Sennhütte und halten uns bald danach mit Nr. 145 an den linken Flanken aufwärts **(10)**. Die Diagonale nähert sich einem Bachlauf, der schließlich auch überschritten wird. Am einförmigen Hang in Kehren immer höher und damit ins **Gleirschjöchl (11)**, 2751 m, wo der Südrücken unseres Gipfels ansetzt. Er zeigt sich vorerst noch grasig, später öfters mit Blockschutt und führt hinter dem Buckel P. 2902 auch mal in leichtem Auf und Ab über ein paar Felsen. Der letzte Aufschwung zum **Gleirscher Roßkogel (12)**, 2994 m, weist wieder Blockschutt auf.

Zurück am Gleirschjöchl steigen wir ostseitig ins Roßkar hinunter und nähern uns auf den Böden einer Verzweigung. Während die Hauptroute zur Pforzheimer Hütte führt, biegen wir jetzt links ins Walfeskar ab **(13)**. Dort über blockübersäte Matten an einigen Lacken vorbei und in den Karhintergrund, wo die Flanken ringsum aufsteilen. Man orientiert sich mehr nach rechts und folgt einem erdigen Pfad, der sich bis zur Kammhöhe (bei P. 2980) hinaufschraubt. Eine topografisch interessante und optisch reizvolle Hochmulde mit Schmelzwassersee bleibt nahe links unterhalb. Im Blockschutt ziehen wir dann überraschend flach gegen Westen hinüber, überschreiten einige karge Kuppen oder passieren diese knapp links und tangieren am oberen Rand der ausgedehnten Geländewanne den Einstieg **(14)** in die südwestseitige Abstiegsroute (Wegweiser). Freilich wollen wir den auf dieser Seite nur wenig emporragenden **Zwieselbacher Roßkogel (15)**, 3081 m, als Gipfeltrophäe nicht auslassen und nähern uns dem finalen Blockhang von Norden her. Kurz aufsteilend erreicht man das Kreuz auf dem Nordgipfel, während zum Südgipfel noch eine kurze Kletterei durch die Trennscharte erforderlich wäre (falls man auf den wirklich höchsten Punkt erpicht ist).

In jedem Fall geht es zurück zum Wegweiser in dem schwach ausgeprägten Sattel und an dieser Stelle beeindruckend steil ins jenseitige **Fidaskar** – das oben mit einer breiten Rinne beginnt – hinab. Der erdige Steig quert jedoch bald ein Stück nach rechts hinaus und setzt sich abseits der besonders rutschigen Bereiche fort. Etwa 200 Meter tiefer schaltet sich eine unwegsame Blockzone dazwischen, die eventuell auf der rechten Seite etwas weniger beschwerlich zu durchqueren ist. Schließlich gelangen wir in die begrünten Bereiche des unteren Fidaskars. Die Route windet sich über diverse kleine Böden und Hangstufen. Zuletzt markant rechts abbiegend und vollends in den Grund des Zwieselbachtals, das kurz vor der Almhütte (Jausenstation) betreten wird. Wenig später laufen wir bei der **Schweinfurter Hütte (3)** ein.

4. Tag: Wie bei der Tour zum Hochreichkopf zunächst Richtung **Finstertaler Alm (7)**, 2147 m, wo wir jetzt allerdings den Bach nach links überschreiten. Im flachen Abschnitt halten wir auf den Gaiskogel zu und orientieren uns dann links ins **Wannenkar** hinauf. Am Abzweig zum Peistakogel vorbei erreicht man 20 Minuten später die Gabelung Richtung Gruejoch bzw. Hohe Wasserfalle und hält sich nun rechts **(16)**, ca. 2475 m. Über Gras ins Lange Wannenkar, wo wir in ein grobes Blockfeld geraten. Es ist flach, aber relativ unwegsam zu durchqueren. Dahinter tritt eventuell ein Schneefeld auf, in einen Blockschutthang mit ganz passablen Steigspuren übergehend. Weiter oben steiler und in eine markante, ziemlich abschüssige Schuttrinne, die von Felsen begrenzt wird. Zum Teil daran empor (Stellen I) und vom Rinnenausstieg noch kurz rechts bis zum Gipfelkreuz auf der **Hohen Wasserfalle (17)**, 3003 m, die mit dem

Das Horlachtal, eine entdeckungswürdige Seitenkammer des Ötztals.

Das Auge des Gruesees beim finalen Abstieg.

Hochreichkopf übrigens nur gut 500 Meter entfernt auf Augenhöhe liegt, aber doch eine nahezu komplett andere Route besitzt. Allenthalben zeigen sich wilde Grate.

Im Abstieg wieder durch die Rinne und das Lange Wannenkar. Man muss dann aber nicht unbedingt ganz bis zur offiziellen Verzweigung zurück, sondern orientiert sich auf rund 2550 Metern mit Vorteil nach rechts und traversiert weglos ein Blockfeld sowie einen begrünten Hang. Mit Augenmaß spüren wir die markierte Spur auf und gewinnen im Gegenanstieg durch die sandige Hangmulde das Gruejoch (18), 2710 m. Jenseits ebenso steil bergab auf die Schafmatten beim Gruesee, kurzzeitig flach dahin und dann nochmals über eine steilere Geländepartie ins Gruekar (19), ca. 2450 m, wo sich die Route gabelt. Während eine Variante die Flanken des Poschachkogels leicht aufwärts zu einer Schulter quert, wandern wir in den Einschnitt hinunter. Inmitten der Matten ist der Steig zunächst angenehm, ehe es zwischen Latschen und Gehölz steil und sandig wird. Man kreuzt zwei kleine Rinnsale und erreicht bei einem Kapellchen auf knapp 1800 Metern schließlich den Bergmäderweg (20). Als breite Trasse zieht dieser sanft fallend talauswärts nach Niederthai (1).

Blumenpracht beim Aufstieg zum Gleirschjöchl.

Stubaier Alpen

Praxmarer Dreieckstour

Zum Westfalenhaus und zur Pforzheimer Hütte ★★

Vielseitige Übergänge in den Sellrainer Bergen
Die Sellrainer Berge, südwestlich von Innsbruck innerhalb der Gebirgsmasse der Stubaier Alpen gelegen, besitzen als Skitourendorado ja schon lange einen hervorragenden Ruf. Mittlerweile wird diese reizvolle, ursprüngliche Gegend auch immer mehr vom Bergwanderer entdeckt, zumal das alpine Wegenetz großzügige Überschreitungen und variantenreiche Unternehmungen erlaubt. Der folgende Tourenvorschlag spannt sozusagen ein Dreieck zwischen dem uralten Bergweiler Praxmar, dem Westfalenhaus im Längental sowie der Pforzheimer Hütte im Gleirschtal auf. Mit dem Praxmarer Höhensteig wird gleich am ersten Tag eine recht exklusive, eher wenig frequentierte Route begangen. Über die Zischgenscharte verläuft tags darauf die Standardverbindung zwischen unseren beiden gemütlichen Stützpunkten, übrigens auch eine Etappe der großen Sellrainer Hüttenrunde, die im Rother-Wanderführer »Trekking im Stubai« in 20 Kapiteln detailliert beschrieben wird. Wer mag, kann am Nachmittag noch einen Gipfel im Umfeld des Gleirschtals aufs Programm setzen. Am schnellsten ist wohl der Samerschlag zu erreichen. Der finale Übergang bringt uns dann via Satteljoch – mit obligatorischem Abstecher auf die Lampsenspitze – zurück nach Praxmar.

Nach der anspruchsvollen Zischgenscharte läuft die Route gutmütig ins Gleirschtal aus.

Pferde sömmern auf den Praxmarer Hochweiden.

KURZINFO

Ausgangspunkt: Praxmar, 1689 m, im Lüsener Tal. Gebührenpflichtiger Parkplatz und Buslinie von Gries im Sellrain (Anschluss von Innsbruck).
Endpunkt: Wie Ausgangspunkt.
Etappendaten:
▶ **1. Tag:** 1120 Hm↑, 540 Hm↓, 4.50 Std.
▶ **2. Tag:** 1300 Hm↑, 1260 Hm↓, 6.40 Std.
▶ **3. Tag:** 700 Hm↑, 1320 Hm↓, 4.45 Std
▶ **Gesamt:** 3120 Hm↑↓, 16.15 Std.
Anforderungen: Teils gewöhnliche, mitunter aber auch eher kleine Bergsteige, die in Steilpassagen Trittsicherheit erfordern. Schlüsselstelle ist die Zischgenscharte (T3–4), die bei ungünstigen Verhältnissen sogar schwierig werden kann (ggf. Steigeisen notwendig). Mit einem Abstecher zur Schöntalspitze definitiv T4 und »schwarz«. Praxmarer Höhensteig, Samerschlag und Lampsenspitze sind mit T3 zu bewerten. Konditionell im normalen Rahmen.
Maximale Höhe: Zischgenscharte, 2930 m.
Einkehr/Übernachtung:
1. Tag: Westfalenhaus, 2273 m, DAV,

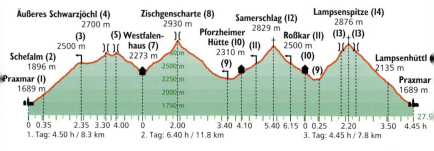

Der Samerschlag ist eine Zugabe am 2. Tag.

Mitte Juni bis Ende September, Tel. +43 664 7880875.
2. Tag: Pforzheimer Hütte, 2310 m, DAV, Mitte Juni bis Ende September, Tel. +43 5236 521.
Varianten:
1. Die Auftaktetappe kann auf niedrigerem Höhenniveau absolviert werden: Am Hangweg über dem Lüsener Tal südwärts und nach einigen etwas verschlungenen Passagen in den üblichen, gut ausgebauten Hüttenweg (Nr. 141) von Lüsens hinauf zum Westfalenhaus einmündend. Gehzeit ca. 3 Std.
2. Der Samerschlag ist am 2. Tag optional und ließe sich auch durch ein anderes Gipfelziel in der Umgebung ersetzen, z.B. die Haidenspitze, 2975 m. Ab Pforzheimer Hütte hin und zurück 3.45 Std.
Karten: AV-Karte 1:25.000, Blatt 31/2 »Sellrain«. Freytag & Berndt 1:50.000, Blatt 241 »Innsbruck – Stubai – Sellrain – Brenner«.

1. Tag: In **Praxmar (1)**, 1689 m, nehmen wir die Normalroute (Nr. 32) Richtung Oberstkogel und Zischgeles auf, überschreiten in Kürze einen Bach und kommen auf gutem Wiesensteig zur **Schefalm (2)**, 1896 m, voran. In dem Geländeeinschnitt höher und links eindrehend auf den Absatz am **Köllenzaiger**, 2226 m. Weiter oben stoßen wir im Bereich einer Rippe auf den Abzweig zum Oberstkogel, queren aber weiter die hier ziemlich abschüssigen Flanken und achten hinter diversen Ecken auf die Verbindung zum Westfalenhaus, die sich von der Zischgeles-Route abtrennt **(3)**, ca. 2500 m. Der Praxmarer Höhensteig zieht nun fast eben in die weite Karbucht des Schöntals hinein, steuert dort ein kleines Seeauge an und gewinnt danach deutlich an Höhe. Man gelangt in die Schrofen der auffälligen Gratrippe und hat zum **Äußeren Schwarzjöchl (4)**, ca. 2700 m, einen kurzen, knackigen Steilaufstieg

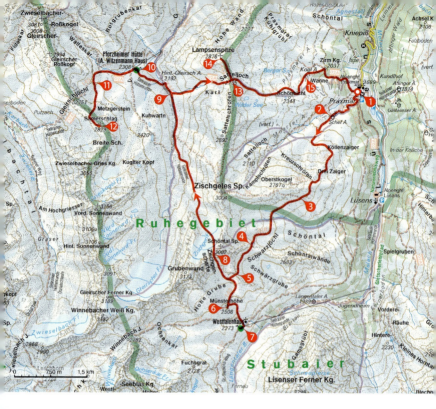

zu bewältigen: die Schlüsselstelle des Tages. Jenseits ein paar Meter abwärts, dann quer durch die obere Schwärzgrube und auf der Blockschuttspur nochmals geringfügig ansteigend zum Übergang am **Inneren Schwarzjöchl (5)**, 2696 m. Dahinter treffen wir am Rand der Hohen Gruben bald auf den gut trassierten Zischgenscharttenweg und wandern damit bergab. Ein kleiner Abstecher auf die **Münsterhöhe (6)**, 2508 m, sollte nicht versäumt werden (toller Rastplatz), ehe wir mit einigen Kehren beim **Westfalenhaus (7)**, 2273 m, einlaufen.

2. Tag: Auf der Route vom Vortag die Hänge hinauf zur ersten Verzweigung, mit Nr. 143 weiter und aus einer Hangmulde links haltend an der Münsterhöhe vorbei. Wir treten in die Hohen Gruben ein, passieren am rechten Rand die bekannte Abzweigung nach Praxmar und wenden uns hier nach links. Damit an den Fuß einer steilen Blockschutthalde, die von den beiden, durch einen Zacken getrennten Zischgenscharten herabreicht. Dort kann im Frühsommer noch Schnee liegen, andernfalls leiten erdige Steigspuren im Zickzack ein wenig mühsam, aber letztlich unschwierig empor. Den Übersteig vermittelt nun die rechte, östliche **Zischgenscharte (8)**, 2930 m. Wer rasch die nahe **Schöntalspitze**, 3002 m, erklettern möchte, folgt den Steigspuren über einige Felsstufen (I) hinweg. Ausgesetzte Plattenpassagen und Verschneidungen zuoberst sind mit Fixseil entschärft.

Auf der Nordseite der Scharte halten wir uns zuerst schräg rechts hin-

Unsere Stützpunkte: Westfalenhaus (oben) und Pforzheimer Hütte (unten).

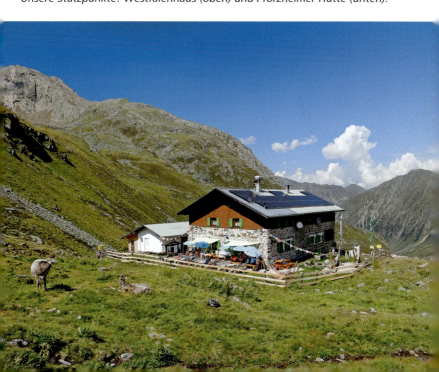

Wie Scherenschnitte staffeln sich die Kulissen der Stubaier Alpen.

ab, bevor wir uns an einem Drahtseil über sehr morschen, rutschigen Untergrund bis auf die allmählich schwindenden Reste des Zischgelesferners hinuntertasten. Der Firnhang läuft in Kürze flach aus, kann aber bei Blankeisstellen trotzdem etwas heikel sein. Im Vorfeld stößt man auf Markierungen, die anfangs leicht nach links ausbiegen, dann aber rechts hinüberziehen. Auf der Hangterrasse unter dem Zischgeles findet der Steig seine Fortsetzung. Allmählich verlieren wir an Höhe, ab und zu ein Gerinne querend, wobei aber selten steilere Passagen dabei sind. Wir nähern uns der Sohle des inneren Gleirschtals, umgehen hier einen feuchten Boden und setzen nach Abzweig der Route zum Satteljoch **(9)** erst kurz vor der **Hinteren Gleirschalm**, 2192 m, auf die linke Bachseite über (Brücke). Dort erwartet uns noch ein Gegenanstieg von gut 100 Höhenmetern schräg hinauf bis zur **Pforzheimer Hütte (10)**, 2310 m.

Da dieser Übergang normalerweise keinen vollen Schönwettertag füllt, sei als Zugabe der Samerschlag empfohlen: Wir steigen westwärts mäßig steil zur Ausmündung des Walfeskars an, begeben uns mit Nr. 145 zunächst weiter ins **Roßkar** und verlassen dort auf rund 2500 Metern die Hauptroute zum Gleirschjöchl nach links **(11)**. Welliges Gelände schließt zu einem Schutthang auf, der uns auf eine Verebnung bringt. Scharf rechts steuert man den Hauptgrat bei P. 2742 an, weicht dann in die abschüssige Südwestflanke aus und kehrt über bröseligen Untergrund zum Gipfelrücken zurück. Dieser leitet zuletzt breit bis auf den **Samerschlag (12)**, 2829 m. Der Abstieg ist identisch.

3. Tag: Von der **Pforzheimer Hütte (10)** zunächst wieder diagonal in den Grund des Gleirschtals hinab und auf der anderen Bachseite einwärts, bis linker Hand die Route Nr. 144 zum Satteljoch ausgewiesen wird **(9)**. Zwischen zwei Seitenbä-

Am Inneren Schwarzjöchl tritt der Hohe Seeblaskogel ins Blickfeld.

chen wird jetzt der steile, grasbewachsene Troghang hinauf zu einer Karschwelle erstiegen. Hier links über das Bächlein hinweg und in den Hintergrund des Karl, das Richtung **Satteljoch (13)**, 2735 m, deutlich aufsteilt. Glücklicherweise ist die Spur passabel. Ein hindernisarmer Schuttpfad zieht schließlich links zum geräumigen Gipfelplateau der **Lampsenspitze (14)**, 2876 m, empor – im Winter ein klassisches Ziel der Skitourengeher.

Zurück am Joch nehmen wir wieder den Weg Nr. 144 auf und lassen uns durch das recht sanft gegliederte Mattengelände auch von einigen stattlichen Steinmännern Richtung Schönjöchl hinablotsen. Nun schräg links weiter zum **Lampsenhüttl (15)**, 2135 m, wo die ersten gebietstypischen Zirben auftauchen. Die Route verläuft an einem kleinen Rücken und tritt am Zirmkogel in dichtere Baumbestände ein, wird dabei vorübergehend auch etwas verwachsener. Weiter unten kreuzen wir ein paarmal einen Karrenweg und lassen die Tour Richtung **Praxmar (1)** ausklingen.

Das Gleirschtal, ein typisches Hochtal der Sellrainer Berge.

Stubaier Alpen

15 Hausberge der Franz-Senn-Hütte

Vordere Sommerwand, Aperer Turm und Rinnenspitze

Ein vielseitiges Tripel in den Alpeiner Bergen

Würde man eine Umfrage zur populärsten Berghütte Tirols machen, so wäre der Franz-Senn-Hütte im Herzen der Stubaier Alpen einer der vordersten Ränge wohl sicher. Sie wird kompetent und modern geführt, dient als alpines Ausbildungszentrum, hat sich trotz ihrer Größe aber immer noch einen Schutzhüttencharakter bewahrt. Die Skitourensaison ist hier nicht minder bedeutend als das Sommergeschäft, zumal die Alpeiner Berge als ergiebiges Revier fast schon legendären Ruf besitzen. Als Königstour gilt sommers wie winters die Ruderhofspitze – für uns angesichts einer stundenlangen Gletschertraverse natürlich außer Konkurrenz. Doch gibt es eine Handvoll attraktiver Ziele auch für Bergwanderer, sofern sie etwas Übung im zentralalpinen Gneis mitbringen. Die Spritztour am ersten Tag gebührt der Vorderen Sommerwand, die gleichsam bugartig gegen die Franz-Senn-Hütte vorspringt. Sie erlaubt einen ersten Überblick, verteidigt sich zuoberst aber mit einer luftigen Gratpassage, die schon manch einem das Herz in die Hose rutschen ließ. Die größte Ausdauerleistung fordert uns der Apere Turm ab, liegt er doch schon ziemlich weit hinten im Alpeiner Hochtal und erzwingt schließlich auch noch einen recht verwinkelten Kurs. Immerhin legen sich dann jedoch erstaunlich wenige Hindernisse in den Weg. Am Aperen Turm geht es vergleichsweise ruhig zu, dabei zählt die Perspektive auf die umliegenden

Eindrücke aus der Gletscherwelt gehören zum Prachtvollsten in Tirol. Hier ein Ausschnitt des Panoramas von der Rinnenspitze.

Aufstieg zur Rinnenspitze in zentralalpiner Urlandschaft.

Dreitausender zu den absoluten Highlights! Diese magische Marke verfehlt der Berg selbst leider knapp – die Rinnenspitze hingegen erreicht sie punktgenau. Demnach wollen wir mit diesem häufig besuchten Gipfel den Tourenreigen um die Franz-Senn-Hütte komplettieren. Eine klettersteigartig ausgebaute Route verlangt etwas Beherztheit, belohnt freilich durch eine tolle Schau über ein Mosaik von Gipfeln, Graten und Gletschern, unter denen der Lüsener Ferner einen besonders prächtigen Eindruck hinterlässt. Und dann lockt bloß noch der hübsche Rinnensee – oder das Abschlussbier auf der Franz-Senn-Hütte …

KURZINFO

Ausgangspunkt: Oberissalm, 1742 m, im Stubaier Oberbergtal. Gebührenpflichtiger Parkplatz. Zufahrt von Milders auf gut ausgebauter Straße, ohne Linienbusanschluss, aber zweimal täglich Taxi-Shuttle (Infos unter Tel. +43 5226 3333).
Endpunkt: Wie Ausgangspunkt.
Etappendaten:
▶ **1. Tag:** 1000 Hm↑, 600 Hm↓, 4.15 Std.
▶ **2. Tag:** 920 Hm↑↓, 5.30 Std.
▶ **3. Tag:** 880 Hm↑, 1280 Hm↓, 5.15 Std.
▶ **Gesamt:** 2800 Hm↑↓, 15 Std.
Anforderungen: Tendenziell anspruchsvolle Gipfelsteige, allerdings nur auf kürzeren Teilstücken. An der Sommerwand ist lediglich der Gipfelgrat etwas kniffelig (Stellen I) und vor allem exponiert

Beim Aufstieg zum Aperen Turm wird ein Moränensee passiert.

Der Rinnensee mit den Dreitausendern des Ruderhofkamms gegenüber.

1. Tag: Vom Parkplatz bei der **Oberissalm (1)**, 1742 m, durch das Gatter und auf breitem Wirtschaftsweg mäßig steil Richtung Talschluss. Bei der Gabelung folgen wir dem empfohlenen Normalweg rechts hinauf (die Variante geradeaus wird vom Alpenverein nicht mehr unterhalten). Mit einer ganzen Anzahl von

Der Apere Turm bietet eine besonders interessante Gipfelperspektive.

(T4, bis Schulter T3). Zum Aperen Turm lange Zeit hindernisarm, nach oben hin zwar immer steiniger, aber ohne wirklich schwierige Stellen und mit elementarer Trittsicherheit beherrschbar (T3). Auch zur Rinnenspitze zunächst normaler Bergsteig, am Gipfelaufbau ausgesetzt mit Klettersteigcharakter (maximal T4). Konditionell im üblichen Rahmen; recht weit zieht sich die Route zum Aperen Turm.
Maximale Höhe: Rinnenspitze, 3000 m.
Einkehr/Übernachtung:
1. bis 3. Tag: Franz-Senn-Hütte, 2149 m, DAV, Mitte Juni bis Anfang Oktober, Tel. +43 5226 2218. Jausenstation Alpeinalm, 2040 m. Oberissalm, 1742 m, am Ausgangspunkt.
Karten: AV-Karte 1:25.000, Blätter 31/1 »Hochstubai« und 31/2 »Sellrain«. Freytag & Berndt 1:50.000, Blatt 241 »Innsbruck – Stubai – Sellrain – Brenner«.

Serpentinen schraubt sich die Route bequem höher und leitet über eine Geländeschwelle auf die Wiesenterrasse bei der **Alpeinalm**, 2040 m. Wir lassen die Jausenstation knapp links liegen und bewältigen das letzte Stück bis zur **Franz-Senn-Hütte (2)**, 2149 m, über Schliffterrain, zuletzt über die kleine Klamm des Alpeiner Bachs hinweg.
Nun südwärts über Graspolster, Gletscherschliffe und Schuttpartien bergauf. Mit der einen oder anderen kleinen Abstufung nähert man sich dem Hang unter dem Ostabbruch der Sommerwand, stets rechts vom Abfluss des Sommerwandferners. Später dreht die Route ins Hochkar ein und gelangt damit auf die Rückseite des Massivs. Ohne die weitläufigen Blockschuttfluren zu berühren, bleibt man ganz nah an der Schrofenflanke und steigt ohnehin bald scharf rechts in diese ein. Nun deutlich steiler und mit gelegentlicher Händeunterstützung bis zum in Karten kotierten P. 2676, der aber

Oben: Wie gemalt wirken die Schwemmflächen im Vorfeld des Alpeiner Ferners.
Unten: Blick ins urtümliche Alpeiner Hochtal.

vorerst nur die markante Ostschulter bildet. Vom eigentlichen, mit einem kleinen Kreuz geschmückten Gipfel der Vorderen Sommerwand (3), ca. 2710 m, trennt uns noch eine ausgesetzte Felsschneide, die ein wenig Kraxelei über dem Abgrund erfordert (einmal Fixseil). Der Abstieg verläuft gleich.

2. Tag: Gleich hinter der Franz-Senn-Hütte (2) über den Bach auf die rechte Seite und ins flache Alpeiner Hochtal hinein. Dieses zieht sich ordentlich in die Länge und beschreibt weiter hinten einen Linksbogen. In diesem Bereich weist ein Schild die Gletscherroute zum Wilden Hinterbergl aus. Wir bleiben im Trog und nähern uns dem Geländeaufschwung, wo der Alpeiner Bach kaskadenartig herabschießt. Nach etlichen Kehren öffnet sich der nächste Boden mit dem Alpeiner Ferner im Hintergrund. Im Gletschervorfeld kommen wir zur wichtigen Gabelung (4), ca. 2530 m, wo wir nun rechts die Gipfelroute zum Aperen Turm einschlagen. Sie schließt im Zickzack zu einem schönen Moränenrücken auf, führt an diesem zunächst südwärts weiter und dreht dann rechts aufwärts ins Blockschuttkar unter dem Verborgenen-Berg-Ferner ab. Ein weiterer Rechtsschwenk bringt uns am Gratausläufer des Wilden Turms vorbei

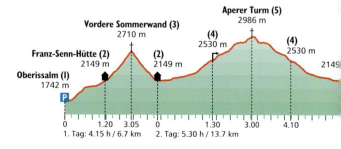

Anfang September zeigt sich eine erste herbstliche Note (beim Anstieg zur Vorderen Sommerwand).

sogar in Nordrichtung. Nach einer recht gut ausgebauten Blocktraverse gelangen wir in die Karbucht mit dem Turmferner, verlieren dort ein paar Meter und überschreiten die Gletscherschliffe hinüber auf die andere Seite. Verblüffend der stattliche Moränensee in diesem Kessel! Jetzt liegt nur noch der steilere Gipfelaufbau vor uns. In etwas verwinkeltem Kurs am Blockschutthang empor und zuletzt nach rechts durch eine Minischarte (Drahtseil) zum Kreuz auf dem **Aperen Turm (5)**, 2986 m. Für den Rückweg sollte man unbedingt auf der markierten Route bleiben – weglose Experimente zwecks vermeintlicher Abkürzung sind gefährlich.

3. Tag: Heute schweifen wir hinter der Brücke bei der **Franz-Senn-Hütte (2)** nach rechts ab und folgen einige Minuten dem Höhenweg zur Starkenburger Hütte, bis bei einer kleinen Wasserfallrinne die Route zur Rinnenspitze links abdreht. In längerem Schräganstieg durchmisst man nun die grasigen Böschungen oberhalb der Abbrüche ins Hochtal. Damit nehmen wir Kurs West auf

Bei der Franz-Senn-Hütte finden sich Bergfreunde jeder Couleur ein.

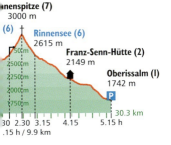

Nach drei spannenden Gipfeln kehren wir über die Alpeiner Alm zurück.

die Untere Rinnengrube. Auf rund 2500 Metern passiert man eine kleine Anhöhe mit Bank und erhascht

Die Route zur Vorderen Sommerwand liegt unserer Hütte am nächsten.

bereits einen grandiosen Ausblick in den Alpeiner Talschluss. Anschließend geht es über den Karboden weiter und gegen die Rinnenspitze hinan. Wo der Hang merklich aufsteilt, taucht der Linksabzweig **(6)** zum **Rinnensee**, 2646 m, bzw. zur Inneren Rinnennieder auf (der verträumte See liegt gleich hinter der Geländeschwelle und wird in Kürze sichtbar). In zunehmend blockreicherem Gelände folgen wir unserem Pfad gegen den Nordostgrat hinauf. Bereits in den Plattenpassagen davor setzt ein Klettersteig mit Drahtseilen und Tritthilfen ein. Durch eine Art Riss gewinnt man den Blockgrat und stößt hier auf weitere gesicherte Stellen – unter anderem eine Platte mit Stiften und eine Steilstufe. Ganz zuletzt wieder auf die Sonnseite des Gipfels wechselnd und nach einer Traverse mit wenigen Kletterzügen (Drahtseil) zum Kreuz auf der **Rinnenspitze (7)**, 3000 m. Abstieg zur Hütte sowie Rückweg zur **Oberissalm (1)** verlaufen wie gehabt.

Stubaier Alpen

Großer Trögler und Mairspitze

Gipfelvarianten am Stubaier Höhenweg ★★★

Logenplätze vor Zuckerhütl, Freiger und Co.
Der große Stubaier Höhenweg zählt zu den populärsten Routen von Hütte zu Hütte in Tirol, ja überhaupt in den Alpen (siehe Rother-Wanderführer »Trekking im Stubai«). Wem keine ganze Woche zur Verfügung steht, der kann sich durchaus einzelne Highlights herauspicken. Besonders eindrücklich ist die Landschaft in unmittelbarer Nähe zum Hauptkamm, wo die gleißenden Ferner am Zuckerhütl und Wilden Freiger ihre unwiderstehliche Strahlkraft entfalten. Es sind wahre Prachtkulissen im Stubai, die wir idealerweise von vorgelagerten Logenplätzen bewundern können. Großer Trögler und Mairspitze erscheinen dafür wie geschaffen. Dabei kehren wir dem Stubaier Gletscherskigebiet im Fernaukessel alsbald den Rücken und springen am ersten Tag hinüber ins viel urtümlichere Sulzenaugebiet mit der gleichnamigen Hütte. Etliche schöne Bergseen liegen im Umkreis verstreut. Die über dem Langental gelegene Nürnberger Hütte ist Zwischenziel am zweiten Tag, ehe wir es locker talwärts auslaufen lassen können. Diese Tour ist eine der kürzesten im Buch, doch beinhaltet sie zweifelsohne Stubaier Glanzlichter in geballter Form!

KURZINFO

Ausgangspunkt: Talstation der Stubaier Gletscherbahn bei der Mutterbergalm, 1721 m. Zufahrt durchs gesamte Stubaital bis in den Talschluss (auch per Bus). Von dort per Seilbahn bis zur Mittelstation Fernau, ca. 2300 m, nahe der Dresdner Hütte. Betriebszeiten 8.30 bis 16.30 Uhr.

Impressionen aus dem Hochstubai: Eisbrüche am Sulzenauferner.

*Oben: Auch trittsichere Kinder schaffen es auf die Mairspitze.
Rechts: Erhaben ragt der Wilde Freiger über dem Grünausee in den Himmel.*

Endpunkt: Parkplatz für die Nürnberger Hütte (auch Bushaltestelle der gleichen Linie), 1369 m.
Etappendaten:
▶ **1. Tag:** 650 Hm↑, 760 Hm↓, 3.30 Std.
▶ **2. Tag:** 660 Hm↑, 1480 Hm↓, 5.30 Std.
▶ **Gesamt:** 1310 Hm↑, 2240 Hm↓, 9 Std.
Anforderungen: Markierte Gipfelsteige in Grasschrofen und Blockgelände, einzelne ausgesetzte Passagen gesichert. Ausgeprägte Trittsicherheit angezeigt, in den schwierigsten Stellen schon knapp »schwarz«, vor allem am Trögler (T4–). Mairspitze eine Spur leichter (T3+). Konditionell relativ moderate zweitägige Tour.
Maximale Höhe: Großer Trögler, 2902 m.
Einkehr/Übernachtung:
1. Tag: Sulzenauhütte, 2191 m, DAV, Anfang Juni bis Ende September, Tel. +43 664 2716898.
2. Tag: Nürnberger Hütte, 2278 m, DAV, Ende Juni bis Anfang Oktober, Tel. +43 664 1657461. Bsuchalm, 1580 m.
Varianten: Die offizielle Hauptroute des Stubaier Höhenwegs führt zunächst über das Peiljoch, 2672 m, zur Sulzenauhütte und später über das Niederl, 2629 m, zur Nürnberger Hütte. Die Gehzeit reduziert sich um jeweils rund 1 Std., wandertechnisch leichter sind diese Übergänge aber kaum.
Karten: AV-Karte 1:25.000, Blatt 31/1 »Hochstubai«. Freytag & Berndt 1:50.000, Blatt 241 »Innsbruck – Stubai – Sellrain – Brenner«.

Die Sulzenauhütte erfreut sich einer ursprünglichen Umgebung.

Zuckerhütl und Pfaffenschneide – das höchste Massiv der Stubaier Alpen.

1. Tag: Von der Seilbahnstation Fernau (1) unmittelbar über den Gletscherbach auf den gut angelegten Bergweg, der ostwärts emporzieht. Bei der Verzweigung auf ca. 2400 Metern orientieren wir uns nach links und ersteigen in ausgeprägten Serpentinen die Flanke hinauf zu einer Geländeschwelle. Vorübergehend etwas nach rechts auf eine Gratkerbe zuhalten, davor aber wieder linker Hand steil aufwärts, über eine gesicherte Schrofenpassage und schließlich auf gutem Felssteig bis zum Gipfel des **Großen Trögler (2)**, 2902 m. Was sich sukzessive bereits angekündigt hat, erfährt hier Vollendung: Die Schau ist überwältigend!

Der Weiterweg folgt dem teils ausgesetzten und mit kleineren Felshürden gespickten Nordostgrat zum Kleinen Trögler (vereinzelt Drahtseile). Nachdem die Kuppe knapp rechts passiert ist, verbreitert sich der Grat zu einem sanfteren Rücken. Die Markierungen lotsen uns dann aber in die Südostflanke hinab, wo erneut zahlreiche Serpentinen vollzogen werden. Zwischendrin ist sogar noch eine Klettersteigeinlage zu meistern, die womöglich sogar die Schlüsselpassage der Tour bedeutet. Über wellige Grasplateaus und Schliffrücken läuft der Steig schließlich unbeschwert aus und mündet kurz vor der **Sulzenauhütte (3)**, 2191 m, in die Route, die vom Peiljoch kommt. Tipp: Da die Etappe recht kurz ist, liegt bestimmt noch ein kleiner Streifzug zur idyllischen **Blauen Lacke** drin.

2. Tag: Direkt bei der Hütte überschreiten wir den breiten Bach und folgen dem Weg, der über den Riegel namens Übergschritt hinwegzieht. Gras und Gletscherschliffe prägen den Untergrund, manche Stellen können indes feucht sein. Hinter dem Plateau gelangen wir mit einer kurzen, aber steilen Abwärtspassage in den breiten Grün-

autrog. Hier steht nach Abzweig der wilden Leo-Schöpf-Route wieder eine Bachtraverse an, bevor es auf einem markanten Moränenrücken aufwärts geht. Auch der nächste Abfluss wird schließlich nach links traversiert (stets gute Brücken), um in Kürze an der grasigen Schwelle über dem malerischen **Grünausee (4)**, 2328 m, zu stehen. An diesem Punkt trennt sich die Freiger-Route via Seescharte von unserem Übergang. Links haltend steigen wir in felsdurchsetzten Mattenhängen weiter aufwärts und treffen bei ca. 2500 Metern auf die nächste Gabelung. Zum Niederl würde man nun rechts fortsetzen. Wir steigen hingegen in das mit einem weiteren idyllischen Karsee geschmückte Schafgrübl auf. Dahinter wird die Flanke steiler. Man vollzieht einige Kehren und bewältigt linker Hand die schwierigste Stelle an einem schrofigen Aufschwung. Nach einem Band wird die **Mairspitze (5)**, 2780 m, schließlich auf einem kurzen Stichweg gewonnen. Unter dem Kreuz stehen zwei Rastbänke.

Für den Wechsel auf die Ostseite müssen wir kurz zurück zum Wegweiser und dann eine gratnahe

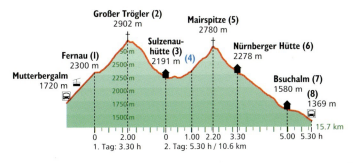

129

Vor dem Schlussabstieg kehren wir in der Nürnberger Hütte ein.

Blockmulde durchschreiten. Ein kleiner Gegenanstieg leitet in eine Minilücke, den eigentlichen Überstieg.

Ein lohnender Abstecher führt zur Blauen Lacke.

Jenseits geht es im Zickzack an einer blockigen Geländerippe bis P. 2553 hinunter. Kurzzeitig gesichert nach rechts und im oberen Bereich der Hänge (»Murmentlehner«) schräg abwärts. In Blockfeldern ist der Steig aufwendig zusammengefügt. Er verbindet sich zuletzt wieder mit der Niederl-Route und trifft an der Südfront der **Nürnberger Hütte (6)**, 2278 m, ein. Der Hüttenweg führt um ein kleines Felshindernis herum und dann eine Weile im Wesentlichen schräg abwärts. Aus den freien Hanglagen der Grüblalm treten wir in Erlenbestände ein, vollziehen dort etliche Kehren und von einer Geländeabstufung aus nochmals weitere. Damit in den Grund des Langentals und über die Wiesen zur bewirtschafteten **Bsuchalm (7)**, 1580 m. Gleich dahinter über die Brücke und auf dem Fahrweg flach talauswärts. Am Schluss nehmen wir links hinunter die Abkürzung zum Parkplatz und zur **Bushaltestelle (8)**, 1369 m.

Stubaier Alpen

Rund um das innere Gschnitztal

17

Via Tribulaun-, Bremer und Innsbrucker Hütte ★★★

Traumpfade zwischen Tribulaungruppe und Habichtkamm
Den quirligen Massentourismus des Stubaitals kennt man im benachbarten Gschnitz nicht – hier ist alles eine Nummer kleiner und bescheidener, mit Ausnahme der Berge, die durchaus gebietstypisches Dreitausenderniveau aufweisen. Dabei verläuft quer über das Gschnitztal hinweg die geologische Nahtstelle zwischen Kalk- und Kristallingesteinen. Dieser reizvolle Kontrast ist aber nicht das Einzige, womit die Gegend punkten kann. Ursprünglichkeit wird hier ganz groß geschrieben, was sich besonders intensiv auf einer mehrtägigen Tour um den Gschnitzer Talschluss erleben lässt. Nicht ganz mühelos, aber ausnehmend pfiffig sind die Höhensteige, auf denen wir durch einsame Hochkare von Hütte zu Hütte wandern. Den Auftakt macht die kleine Tribulaunhütte unter der dolomitenhaften Phalanx der Tribulaungruppe. Der Bremer Jubiläumssteig stellt dann erstmals unsere Robustheit und andere Tugenden guter Alpinwanderer auf die Probe, ehe wir bei der Bremer Hütte in einer zentralalpinen Bilderbuchlandschaft schwelgen können: Rasenpolster neben rundgeschliffenen Felsen und kleine, blockumkränzte Lacken, in denen sich die Gletscher und Grate des Hauptkamms spiegeln. Der Übergang zur Innsbrucker Hütte, übrigens ein Teilstück des großen Stubaier Höhenwegs, bietet ein wiederholtes Auf und Ab durch die südostseitigen Berglehnen des Habichtkamms und stundenlang freie Aussicht. Für mich bedeutet es schlichtweg Höhenwandern in seiner schönsten Form!

Steinbockrudel am Bremer Jubiläumssteig.

Garklerin und Kirchdachspitze, zwei markante Gschnitzer Berge, wie man sie aus dem Gebiet der Tribulaunhütte sieht.

KURZINFO

Ausgangspunkt: Gasthof Feuerstein, 1281 m, in Gschnitz-Obertal. Gebührenpflichtiger Parkplatz und Buslinie vom Bahnhof Steinach am Brenner.
Endpunkt: Wie Ausgangspunkt.
Etappendaten:
▶ **1. Tag:** 780 Hm↑, 2.10 Std.
▶ **2. Tag:** 1070 Hm↑, 720 Hm↓, 6.10 Std.
▶ **3. Tag:** 960 Hm↑, 1000 Hm↓, 6.30 Std.
▶ **4. Tag:** 1090 Hm↓, 2.10 Std.
▶ **Gesamt:** 2810 Hm↑↓, 17 Std.
Anforderungen: Die beiden langen zentralen Abschnitte setzen wandertechnisch und konditionell den Maßstab im »dunkelroten« Bereich (T3–4). Oft schmale Bergsteige in Schrofen, Blockwerk und Matten, stellenweise auch mit abschüssigen Traversen, an heiklen Stellen teils gesichert. Gute Trittsicherheit wichtig, bei Nässe tendenziell schon schwierig. Zu- und Abstieg verlaufen auf problemlosen Bergwanderwegen.
Maximale Höhe: Etwa 2560 m am Bremer Jubiläumssteig.

Einkehr/Übernachtung:
1. Tag: Tribulaunhütte, 2064 m, TVN, Anfang Juni bis Anfang Oktober, Tel. +43 664 4050951.
2. Tag: Bremer Hütte, 2411 m, DAV, Mitte Juni bis Anfang Oktober, Tel. +43 664 2728071.
3. Tag: Innsbrucker Hütte, 2370 m, ÖAV, Ende Juni bis Anfang Oktober, Tel. +43 5276 295.
Variante: Vorzeitiger Abstieg von der Bremer Hütte über den normalen Hüttenweg via Simmingsee und Laponesalm nach Gschnitz-Obertal in ca. 2.45 Std. Im Bergauf (als möglicher Zustieg) sind 3.45 Std. zu kalkulieren.
Tipp: Wer den letzten Tag noch komplett füllen möchte, kann zur Krönung dem stolzen Habicht, 3277 m, aufs Haupt steigen. Bewertung T4–5, Aufstieg 3 Std., Abstieg 2.15 Std.
Karten: AV-Karte 1:25.000, Blatt 31/1 »Hochstubai« (nur teilweise), 1:50.000, Blatt 31/3 »Brennerberge«. Freytag & Berndt 1:50.000, Blatt 241 »Innsbruck – Stubai – Sellrain – Brenner«.

1. Tag: Vom **Gasthof Feuerstein (1)**, 1281 m, beginnen wir die Tour gegenüber dem »Mühlendorf« (Freilichtmuseum) auf der linken Seite des Sandesbachs, der gleich oberhalb in Wasserfallkaskaden aus dem Wald rauscht. Die Schaubrücke über das gischtende Nass bleibt aber rechts, während wir den Aufstieg über Waldweiden fortsetzen, zwischendurch eine Rinne kreuzen und allmählich in freieres Gelände vorankommen. An der **Valtißalm (2)**, 1663 m, vorbei wird noch ein Weilchen der Sandesbach begleitet, bevor ein Steilriegel den Weg serpentinenreich nach links in die Höhe zwingt. Mit einer fast horizontalen Querung über ein Schuttfeld laufen wir schließlich bei der **Tribulaunhütte (3)**, 2064 m, ein (bei F&B als »Tribulaunhaus« eingetragen).

2. Tag: Der **Dolomieuweg** leitet rasch unter die Nordkante des Gschnitzer Tribulaun und zieht anschließend in langer, gut gespurter

Gschnitzer Bilderbuchlandschaft im Angesicht des Habichtkamms.

Aufwärtsquerung durch die Schotterhalden. Man lässt die Route zur Garklerin rechts abdrehen, wechselt auf kristallinen Untergrund und absolviert einige Kehren. Unterhalb des Sandesjöchls ignorieren wir diesen möglichen Übergang auf Südtiroler Seite, wenden uns mehr nach rechts und erreichen mit dem **Bremer Jubiläumssteig** die Höhe am Verbindungsgrat zur Garklerin **(4)**, ca. 2560 m. Jenseits abwärts bis auf einen Boden und über eine Art Sattel am Schnabelegrat in die westsei-

Am 2. Tag ist die Bremer Hütte unser Ziel.

*Oben: Im Verlauf des Bremer Jubiläumssteiges wird der Simmingbach gekreuzt.
Rechts: Schlifffelsen und kleine Lacken bei der Bremer Hütte.*

tige Hangmulde. Dort verliert man in steindurchsetztem Gras kräftig an Höhe und kommt damit in die Flanken am Kuhberg. Zwischendurch über ein grobes Blockfeld, dann wieder über Gras – so geht es quer durch die ausgedehnte Karbucht. Leider muss man dann noch weiter absteigen, ehe der **Padrellbach (5)**, ca. 1935 m, gekreuzt werden kann. Beim Gegenanstieg kämpft man sich ein wenig durch strauch- und erlenbewachsenes Terrain und quert hinaus zum vorspringenden Nordsporn des Schafkamp, wo die Schlüsselstelle am Bremer Jubiläumssteig lauert: eine oft feuchte Abwärtstraverse an Sicherungen, unter anderem mit einer Klammerreihe an glatter Wandstufe. Die heikle Passage endet auf einem Band (Flurname »am Stöller« in der AV-Karte). Von dort wieder sukzessive aufwärts, wobei wir in eine überwiegend grasige Rundhöckerlandschaft mit einzelnen Latscheninseln kommen. Nachdem der **Simmingbach (6)**, ca. 2150 m, überschritten ist, stößt man 70 Meter höher auf den Hüttenweg. Dieser führt am Gletscherschliffrücken des Mitteregg noch eine gute Dreiviertelstunde bis zur **Bremer Hütte (7)**, 2411 m.

3. Tag: Auf diesem langen Übergang gibt es anfangs zwei Varianten: Gleich beim Schutzhaus zweigt die schwierigere Route ab, die als Klettersteig ausgebaut durch Felszonen und einen Kamin (Grad B) Richtung **Lautersee**, 2425 m, führt und anschließend die Karbucht auf etwa gleicher Höhe ausgeht. Der Normalweg folgt hingegen kurz dem Hüttenweg, biegt dann links ab und leitet ebenfalls durch eine recht stei-

Die Verbindung zwischen Bremer und Innsbrucker Hütte ist neben der Geschnitzer Runde auch in den großen Stubaier Höhenweg integriert.

le, schattige Flanke auf die Böden im Kessel der Simmingalpe. Von dort im Schräganstieg nordwärts über Schafmatten zur Vereinigung und weiter ins Blockgelände. Ein Zickzackkurs leitet steiler aufwärts zum von der Äußeren Wetterspitze nach Osten abstreichenden Kammausläufer, der im Trauljöchl (8), ca. 2530 m, überstiegen wird.

Jenseits kurz durch eine steile Rinne abwärts und links haltend durch einen Blockhang ins Plattental. An einem Minisee vorbei verlieren wir bis in die Trauler Bockgrube noch etwas an Höhe. Dann stellt sich uns die sogenannte Wasenwand entgegen. Mit vereinzelter Drahtseilhilfe geht es im Auf und Ab quer durch den Schrofenriegel, danach ein steiles Gerinne kreuzend und mit leichtem Zwischenabstieg in den Trichter der Beilgrube. Hier setzt ein Schräganstieg durch steile Grashänge mit vereinzelten Schrofen an, der bis auf eine Gratrippe leitet. Vom eigentlichen Überstieg ist es bloß ein Katzensprung zur vorspringenden Kanzel der Pramarnspitze (9), 2511 m, die man sich für eine ausgiebige Mittagsrast vormerken sollte.

Auf der anderen Seite folgt abermals ein Abstieg in eine Karmulde. Dort queren wir unter einem Sporn hindurch die Matten der Gamsflecke und gelangen in den größeren Kessel der Glättegrube. Nachdem dieser Bogen etwas unbeschwerlicher ausgegangen ist, windet sich der Steig wieder aufwärts um ein Eck herum, quert noch ein Stück und erreicht am Sendesgrat (10), ca. 2540 m, die letzte markante Rippe, an der

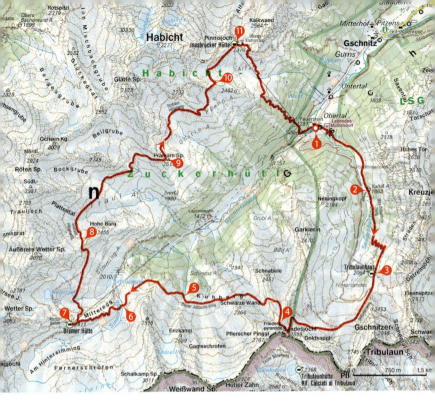

auch unser Tagesziel sichtbar wird. Im Abwärtsbogen durch ein blockreiches Hochkar – oberhalb des kleinen Sees vorbei –, landen wir bei der **Innsbrucker Hütte (11)**, 2370 m, dem stark frequentierten »Basislager« aller Habicht-Aspiranten.

4. Tag: Wir tangieren das nahe Pinnisjoch (Abzweig ins Stubaital) und wenden uns alsbald nach Süden auf die Mattenhänge der **Alfairalm**. Die Trasse der Materialseilbahn kreuzend, gelangt man tiefer zu einer ausgeprägten Hangversteilung und wechselt damit in eine rinnenartige Hangschneise, wo es noch rund 700 Höhenmeter zu »vernichten« gilt. Nach langem Zickzack kommen wir beim Parkplatz nahe dem **Gasthof Feuerstein (1)** wieder heraus.

Am Pinnisjoch treten erneut zerklüftete Dolomitberge in Erscheinung.

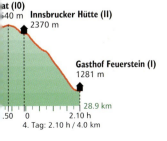

Stubaier Alpen

18 Rund um die Kalkkögel

Von Fulpmes über die Adolf-Pichler-Hütte ★★

Auf unschwierigen Bergwegen durch die »Nordtiroler Dolomiten«

Im Nordosten der Stubaier Alpen, schon zum näheren Innsbrucker Raum orientiert, werfen die Kalkkögel eine fantastische Kulisse auf, die uns stark an die Dolomiten erinnert. Im Detail verwirrend gegliedert und bizarr zerklüftet, sind diese Berge ein optischer Anziehungspunkt im scharfen Gegensatz zur Umgebung. Geologisch handelt es sich um die sogenannte Brennerdecke, die mitten im Kristallin der Zentralalpen hängen geblieben ist. Für die lokale Innsbrucker Klettergilde avancierten die Kalkkögel schon früh zum Hausgebiet. Nach dem Bau der Adolf-Pichler-Hütte 1904 etablierte sich hier eine richtige Szene. Als brüchig verschrien, ist es um die Kalkkögel als Kletterberge mittlerweile jedoch ruhiger geworden. Wanderer tummeln sich indes zahlreich auf den Wegen ringsum, was nicht zuletzt mit den Seilbahnanbindungen aus dem Stubaital sowie der Axamer Lizum zu tun hat. Und damit sind wir beim Stichwort: Denn die Umrundung der Kalkkögel eröffnet solch faszinierende Perspektiven – Schritt um Schritt immer leicht verändert –, dass man zweifellos von einer der lohnendsten Bergwanderungen um Innsbruck sprechen kann. Bei Bedarf lässt sie sich noch aufpeppen.

Die zerklüfteten, türmegespickten Kalkkögel tragen auch den Beinamen »Nordtiroler Dolomiten«.

Großartig ist die Lage der Starkenburger Hütte auf einer Bergschulter.

KURZINFO

Ausgangspunkt: Fulpmes im Stubaital, Talstation der Schlicker Bergbahn, ca. 1000 m. Große, gebührenfreie Parkplätze und Busanbindung. Mit der Seilbahn hinauf zur Bergstation Kreuzjoch, 2108 m. Betriebszeiten von 9 bis mindestens 16.15 Uhr.
Endpunkt: Wie Ausgangspunkt.
Etappendaten:
▶ **1. Tag:** 620 Hm↑, 750 Hm↓, 4 Std.
▶ **2. Tag:** 660 Hm↑, 1630 Hm↓, 5.30 Std.
▶ **Gesamt:** 1280 Hm↑, 2380 Hm↓, 9.30 Std.
Anforderungen: Meist gut angelegte Bergwege im Schwierigkeitsgrad T2, allenfalls geringfügig darüber hinaus. In den Kalkschuttreis'n mitunter elementare Trittsicherheit vorteilhaft, jedoch nirgends wirklich problematische oder gar schwierige Passagen. Konditionell eine relativ moderate und eine durchschnittlich lange Etappe.
Maximale Höhe: Seejöchl, 2518 m.
Einkehr/Übernachtung:
1. Tag: Sennjochhütte, 2240 m. Starkenburger Hütte, 2237 m, DAV, Anfang Juni bis Anfang Oktober, Tel. +43 664 5035420. Adolf-Pichler-Hütte, 1977 m, Akademischer Alpenklub Innsbruck, Anfang Juni bis Mitte Oktober, Tel. +43 720 702724.
Varianten: Mögliche Gipfelabstecher (Einstufungen größtenteils »rot«): Vom Sennjoch über den Hohen Burgstall, 2611 m, 1 Std. länger. Vom Seejöchl zum Gamskogel, 2659 m, 45 Min. Vom Hochtennboden zur Hochtennspitze, 2549 m, 1 Std. Vom Halsl zur Nockspitze (Saile), 2403 m, 1.40 Std. (Zeitangaben jeweils hin und zurück).
Karten: AV-Karte 1:50.000, Blatt 31/5 »Innsbruck und Umgebung«. Freytag & Berndt 1:50.000, Blatt 241 »Innsbruck – Stubai – Sellrain – Brenner«.

Gut markiert: die Höhenwege rund um die Kalkkögel.

1. Tag: Nachdem wir mit der Schlicker Bergbahn in zwei Sektionen bequem zum **Kreuzjoch (1)**, 2108 m, hinaufgeschwebt sind, stehen wir erst einmal gebannt vor der Phalanx der Kalkkögel. Dann schlagen wir nach Bezeichnung »Starkenburger Hütte« den gut angelegten Weg quer durch die Nordflanke des Sennjochgrats ein. Man tangiert leicht ansteigend einen Kammsattel, geht an der Jausenstation **Sennjochhütte (2)** vorbei und wendet sich bei der Gabelung über die Kante nach links (weiter bergauf hingegen für die Burgstall-Anwärter). Auf spannenden Bändern queren wir nun die zerklüftete Südflanke des Niederen Burgstall, verlieren bis in eine Karmulde etwas an Höhe und schwenken anschließend um einen weiteren Gratausläufer. Am Felsso-

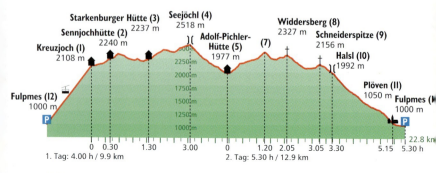

Oben: Bändertraverse unterhalb des Niederen Burgstall.
Unten: Im Stubai hat der Herbst Einzug gehalten.

Weideböden auf der Nordseite der Kalkkögel.

ckel entlang durch Schutthalden mit Lawinenzäunen und hinüber zur **Starkenburger Hütte (3)**, 2237 m, auf der freien Südschulter, die einen Prachtblick über die Stubaier Bergwelt gewährt.

Die begrünte Hangmulde unterhalb der Burgstall-Westflanke wird jetzt im Schräganstieg zu einer markanten Rippe durchmessen. Dahinter um ein Eck herum und mit etwas Höhenverlust quer durch ausgedehnte Schuttreis'n. Beim folgenden Gegenanstieg bleibt das **Schlicker Schartl** knapp rechts, während wir unter der Schlicker Seespitze entlang das **Seejöchl (4)**, 2518 m, ansteuern. Interessant ist der unmittelbare Gesteinswechsel an dieser Stelle. Der Gamskogel nebenan gehört bereits zum Kristallin. Auf der Nordseite absteigend verbleiben wir allerdings vorerst auf kalkhaltigem Untergrund, wie die splittrige Schutthalde unzweifelhaft vergegenwärtigt. Über einen kleinen begrünten Urgesteinsrücken hinweg läuft unser Weg dann allmählich auf sanftere Böden aus und erreicht die **Adolf-Pichler-Hütte (5)**, 1977 m, wo uns ein tolles Ambiente der Kalkkögel im Abendlicht erwartet.

2. Tag: Mit Nr. 113 wenden wir uns gegen die Alpenklubscharte hinauf, drehen aber am Felsfuß mit Nr. 111 nach links ab **(6)**. Eben bzw. leicht ansteigend geht es über die obligatorischen Schuttflanken weit nach Norden hinüber und mit einigen steileren Schleifen auf das liebliche Plateau des **Hochtennbodens (7)**, 2380 m. Kurz vorher zweigt noch der Weg zur Bergstation am Hoadl ab. Wir überschreiten den Wiesenplan und begeben uns hinab ins Kar unter der Malgrubenspitze, das hinüber zum **Widdersbergsattel**, 2262 m, ausgegangen wird. Hier

Stubaier Alpen

lohnt sich ein kurzer Abstecher auf den **Widdersberg (8)**, 2327 m, Jenseits erneut abwärts ins ausgedehntere Lizumer Kar, wobei sich der Pfad zunächst links im begrünten Bereich hält und erst nahe dem tiefsten Punkt in den Karschutt kommt. Unter dem grimmigen Ampferstein leitet der letzte Gegenanstieg im Bogen zum Wiesenrücken der **Schneiderspitze (9)**, 2156 m, die ebenfalls rasch mitgenommen werden kann. Nachdem auch dieser Wall überschritten ist, erreichen wir am **Halsl (10)**, 1992 m, einen markanten Geländeeinschnitt, der die behäbige Nockspitze vom Massiv der Kalkkögel abschnürt.

Hier nun südseitig zu einem nahen Bildstock, wo der deutlichere Weg zur Pfarrachalm verlassen und weiter in die Hangmulde des Halsltals abgestiegen wird. Bald durch Latschenzonen, kreuzt man den Gloatsteig (Abzweig in die Schlick) und folgt dem Halslbach, ehe der breiter werdende Weg nach links abrückt. Beim finalen Waldabstieg ist gut auf die beschilderten Richtungswechsel zu achten. Schlussendlich kommen wir im Ortsteil **Plöven (11)** heraus und laufen von dort noch einige Minuten bis zur Talstation der Schlicker Bergbahn in **Fulpmes (12)** hinüber.

Karwendelgebirge

19 Solsteine und Erlspitze

Auf die Hausberge von Zirl

Im südwestlichen Karwendel um Magdeburger Hütte und Solsteinhaus
Unverkennbar ragen die Solsteine über dem mittleren Inntal in den Himmel und künden von der Bergherrlichkeit hoch oben auf den Karwendelhöhen. Kurioserweise misst der Kleine Solstein fast 100 Meter mehr als der Große. Die Namensgebung ist aber wohl dadurch erklärbar, dass Letzterer wesentlich massiger wirkt. Zwei Alpenvereinshütten liegen im unmittelbaren Umkreis und ermöglichen die vorgestellte ideale Wochenendtour. Am Freitag kann man von Hochzirl noch locker zur Neuen Magdeburger Hütte aufsteigen, um samstags von dort aus die fantastische Kombination der beiden Solsteine anzupacken. Als spannendste Route möchte ich den Höttinger Schützensteig empfehlen – eine durchaus knackige Aufgabe im steilen Schrofengelände! Der Westrücken des Großen Solstein leitet später direkt zum komfortablen Solsteinhaus hinab, von wo sich für den Sonntag noch die Erlspitze als pfiffige Zugabe geradezu aufdrängt. Dieser formschöne Gipfel bringt erneut veränderte Perspektiven ins Spiel – neben jener allgegenwärtigen Panoramaschau übers Inntal bis weit in die Zentralalpen, die uns stets aufs Neue begeistert. Perfekt ist am Ende auch der Rundenschluss direkt nach Hochzirl.

Das Solsteinhaus am Erlsattel kann über verschiedene Zugänge und Höhenwege erreicht werden.

KURZINFO

Ausgangspunkt: Bahnhof Hochzirl, 922 m. Zufahrt von Zirl auf kurvenreicher Bergstraße; Parkmöglichkeiten am Rand (auch Bushalt).
Endpunkt: Wie Ausgangspunkt.
Etappendaten:
▶ **1. Tag:** 810 Hm↑, 100 Hm↓, 2.45 Std.
▶ **2. Tag:** 1220 Hm↑, 1050 Hm↓, 6 Std.
▶ **3. Tag:** 620 Hm↑, 1500 Hm↓, 4.45 Std.
▶ **Gesamt:** 2650 Hm↑↓, 13.30 Std.
Anforderungen: Am Höttinger Schützensteig sowie am Gipfelaufbau des Kleinen Solstein recht anspruchsvolles Schutt- und Schrofengelände (bis T4), stellenweise Händegebrauch (maximal I. Grad, vereinzelt Sicherungen). Der Große Solstein ist spürbar leichter (T3), die Erlspitze geringfügig (T3–4); solide Trittsicherheit darf auch bei diesen Zielen nicht fehlen, zumal das Gelände grundsätzlich ähnlich ist. Kondition wird in durchschnittlicher Weise gefordert.
Maximale Höhe: Kleiner Solstein, 2637 m.
Einkehr/Übernachtung:
1. Tag: Neue Magdeburger Hütte, 1637 m, DAV, Mitte Mai bis Mitte Oktober, Tel. +43 5238 88790.
2. und 3. Tag: Solsteinhaus, 1806 m, ÖAV, Ende Mai bis Mitte Oktober, Tel. +43 664 3336531.
Varianten:
1. Zur Neuen Magdeburger Hütte über den Fahrweg (bei der Kapelle geradeaus weiter).
2. Man kann auch durchs Wörgltal Richtung Solsteine aufsteigen.

Im Schrofengelände an der Erlspitze.

3. Kürzeste Verbindung zwischen beiden Hütten über den Zirler Schützensteig, der aber zumindest stellenweise ebenfalls recht anspruchsvoll ist. Gehzeit 1.50 Std.
Karten: AV-Karte 1:25.000, Blatt 5/1 »Karwendelgebirge West«. Freytag & Berndt 1:50.000, Blatt 322 »Wetterstein – Karwendel – Seefeld – Leutasch – Garmisch-Partenkirchen«.

Blumenschmuck an der Holzfassade der Neuen Magdeburger Hütte.

1. Tag: Die Tour beginnt am bergseitigen Bahnsteig von **Hochzirl (1)**, 922 m. Im Nahbereich der Bahntrasse wandern wir leicht auf und ab durch den Kiefernwald und müssen zum Brunntal hin sogar noch ein Stück unter die Ausgangshöhe absteigen. Dann auf einem Waldsteig hinauf zu einer Forststraße, wobei stets das Gasthaus Brunntal ausgeschildert ist. Noch davor zweigen

Am Höttinger Schützensteig finden versierte Bergwanderer ein Erlebnis.

wir jedoch bei einer Kapelle am **Hörbstenboden (2)**, ca. 1060 m, rechts ab und gewinnen durch das lichte Lärchengelände der Zirler Mähder kräftig an Höhe. Weiter oben auf einen breiteren Weg und damit zur **Kirchberger Alm (3)**, 1471 m. Oberhalb der Hütte zieht die Fortsetzung links weg. Man quert insgesamt leicht ansteigend die Waldhänge mit einem seichten Einschnitt und erreicht schließlich die **Neue Magdeburger Hütte (4)**, 1637 m, am Martinsberg.

2. Tag: Auf den Weideflächen ostwärts und der Beschilderung »Höttinger Schützensteig« folgen. Nach moderatem Beginn wird es am sogenannten Gatterl ernst. Kurz absteigend nähert man sich einer mächtigen Felsbarriere über grabendurchzogenen Abbrüchen. An deren Sockel auf steilem Schutt- und Schrofensteig nun diagonal bergauf, zwischendurch auch mal mit etwas Händeunterstützung. Quer durch eine trichterartige Hangeinbuchtung treten vermehrt Drahtseile auf, bevor man etwas höher um ein exponiertes Eck herum in leichteres Gelände gelangt. In Kürze knickt die Route deutlich nach links ab und gewinnt auf grasbewachsenem Untergrund den sattelartigen Absatz **(5)** hinter P. 2245, wo man Einblick ins Weite Tal erhascht. Links haltend weiter zur harmlosen Abdachung der **Waidböden**, die jetzt nur noch mäßig steil zur plateauartigen Kammhöhe zwischen beiden Solsteinen aufschließt **(6)**, ca. 2470 m. Hier rechts und mit etwas Höhenverlust zu etwas ausgesetzten Bänderquerungen. In leichtem Auf und Ab ein gutes Stück Richtung Osten, bis man endlich gipfelwärts kraxeln kann. Trotz einiger gestufter Felsen bleibt die Route steigartig und

Steinbock und Steingeiß gehen oftmals getrennte Wege.

bringt uns zum Gipfelgrat hinauf. Zuletzt rechts hinüber zum Kreuz auf dem **Kleinen Solstein (7)**, 2637 m.

Bis zum oberen Rand der **Waidböden (6)** geht es identisch zurück. Dann jedoch geradeaus weiter in den seichten Kammsattel, wo die Wörgltal-Route dazukommt, und mit etwa 70 Meter Gegensteigung über den schrofigen Gratrücken bis auf die Gipfelkuppe des **Großen Solstein (8)**, 2541 m. Wir überschreiten den klobigen Berg gen Westen, wo uns nach der ersten weitläufigen Abdachung ein Zickzackkurs erwartet – zunächst noch in freiem Gelände, nach Abzweig des **Stiftersteiges**, ca. 2130 m, allmählich in die Latschenzone eintauchend. Der Untergrund ist meist schuttbedeckt, ab und zu von kleinen Felsen durchsetzt. Schon weit unten knickt der Weg nach rechts ab und nähert sich dem Erlsattel. Ein paar Meter höher am Gegenhang empfängt uns das **Solsteinhaus (9)**, 1806 m.

3. Tag: Zur Erlspitze gibt der Südrücken die Anstiegslinie vor. Unser Steig führt anfangs über harmlose Schafweiden, bald jedoch schon aufsteilend durch Latschenfelder. Im Mittelteil treten leicht ausgesetzte Schrofen mit einzelnen Drahtseilen auf. Man bewegt sich stets zwischen zwei großen Rinnen und gelangt später wieder in etwas leichteres Gelände. Mit einigen Serpentinen in Gipfelnähe, wo man aus einem Schärtchen die skurrile Gipfelstür-

Am Gipfelaufbau des Kleinen Solstein warten noch einige kleine Hürden.

Wilde Karwendelgrate in der Nordkette, betrachtet vom Kleinen Solstein.

mernadel erspäht und kurz darauf über letzte Schrofen das Kreuz auf der **Erlspitze (10)**, 2405 m, erreicht. Der Abstieg erfolgt auf der gleichen Route.

Vom Solsteinhaus **(9)** begeben wir uns mit Nr. 213 talwärts. Der gut ausgebaute Steig senkt sich zunächst einmal ins Höllkar, wo einige wilde Gräben ausgegangen werden, allerdings nicht ausgesetzt. Nun auf der rechten Seite des Einschnitts hinaus zur schön gelegenen **Solnalm (11)**, 1644 m, und kehrenreich abwärts zu einer Forststraße, die beim Oberbach beginnt, ca. 1400 m. Auf dieser nach Beschilderung »Hochzirl« längere Zeit bergab, dann aber nicht Richtung Landeskrankenhaus, sondern steiler zu jener Gabelung nahe dem Brunntal, die man schon am Hinweg berührt hat. Von dort binnen 10 Minuten zurück zum **Bahnhof Hochzirl (1)**.

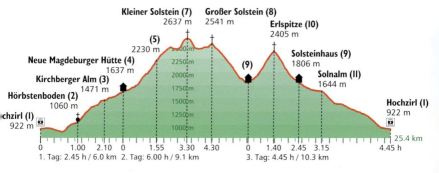

Karwendelgebirge

20 Quer durchs Karwendel

Von Scharnitz nach Stans im Inntal

Die leichteste und beschaulichste Tour in dieser Auswahl
Das Karwendel kennt man als herbe Welt der grauen Felsriesen und öden Hochkare. Dass man eine solch beeindruckende, in weiten Bereichen ausgesprochen raue Gebirgsgruppe praktisch erschwernislos durchqueren kann, würden viele Wanderfreunde kaum vermuten. Doch mitten durchs Karwendel tut sich eine Art Gasse auf, die über wenig anspruchsvolle Wiesensättel drei wichtige Hütten von West nach Ost miteinander verbindet. Da bummelt es sich vergnüglich auf fast parkähnlichen Wegen dahin, ohne dass die imposante Kulisse jedoch fehlen würde. Im Gegenteil: Die Nähe zum Karwendel-Hauptkamm – in der alpinen Literatur offiziell als Hinterautal-Vomper-Kette bezeichnet – sorgt ständig für packende Landschaftsbilder, unter denen die 800 Meter hohen Laliderer Wände gewiss ein Glanzlicht darstellen. Im scharfen Kontrast zu den himmelstrebenden Felsfluchten steht der Liebreiz malerischer Talanger, wie er sich in den beiden Ahornböden mit ihren jahrhundertealten Baumbeständen geradezu beispielhaft manifestiert. Die West-Ost-Transversale von Scharnitz via Karwendelhaus, Falkenhütte und Lamsenjochhütte bis hinunter ins Unterinntal empfiehlt sich daher vorrangig für Genusswanderer. Die Marschstrecke ist allerdings recht beachtlich, weshalb sie in diesem Vorschlag auf vier Tage verteilt wird.

Ein Blütenteppich überzieht die Frühsommer-Wiesen am Hochalmsattel.

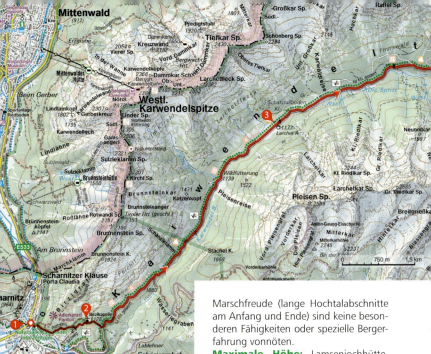

KURZINFO

Ausgangspunkt: Scharnitz, 964 m, im Isartal unmittelbar an der bayerischen Grenze. Bahnverbindung von Innsbruck bzw. von München via Garmisch-Partenkirchen. Großer Parkplatz am Eingang in die Karwendeltäler (gebührenpflichtig).

Endpunkt: Stans, 563 m, im Unterinntal. Mit der Bahn über Innsbruck zurück nach Scharnitz.

Etappendaten:
- **1. Tag:** 850 Hm↑, 50 Hm↓, 4.30 Std.
- **2. Tag:** 520 Hm↑, 440 Hm↓, 3 Std.
- **3. Tag:** 900 Hm↑, 800 Hm↓, 4.30 Std.
- **4. Tag:** 50 Hm↑, 1440 Hm↓, 3.30 Std
- **Gesamt:** 2320 Hm↑, 2730 Hm↓, 15.30 Std.

Anforderungen: Durchwegs ziemlich leichte Bergwanderwege, streckenweise auch breite Wirtschaftswege (maximal T2, etwas abschüssig ist lediglich eine Passage vor der Lamsenjochhütte). Abgesehen von etwas Ausdauer und Marschfreude (lange Hochtalabschnitte am Anfang und Ende) sind keine besonderen Fähigkeiten oder spezielle Bergerfahrung vonnöten.

Maximale Höhe: Lamsenjochhütte, 1953 m.

Einkehr/Übernachtung:

1. Tag: Karwendelhaus, 1765 m, DAV, Anfang Juni bis Mitte Oktober, Tel. +43 720 983554.

2. Tag: Falkenhütte, 1848 m, DAV, Anfang Juni bis Mitte Oktober, Tel. +43 5245 245.

3. Tag: Jausenstation Engalm, 1227 m. Binsalm, 1502 m, privat, Mitte Mai bis Ende Oktober, Tel. +43 5245 214. Lamsenjochhütte, 1953 m, DAV, Mitte Juni bis Mitte Oktober, Tel. +43 5244 62063.

4. Tag: Stallenalm, 1340 m.

Variante: Von der Lamsenjochhütte hi-

Die Lamsenspitze im Widerschein der ersten Sonnenstrahlen.

Denkmal für Hermann von Barth am Kleinen Ahornboden.

nab zur Gramaialm und durchs Falzthurntal hinaus nach Pertisau am Achensee, 952 m.

Karten: AV-Karte 1:25.000, Blätter 5/1, 5/2 und 5/3 »Karwendelgebirge West, Mitte und Ost«. Freytag & Berndt 1:50.000, Blätter 322 »Wetterstein – Karwendel« und 321 »Achensee – Rofan – Unterinntal«.

1. Tag: In **Scharnitz (1)**, 964 m, schlagen wir den Weg zur **Birzlkapelle (2)**, 1128 m, ein – vom Bahnhof kommend braucht man die Isar dafür nicht überschreiten (Plattsteig), von den Parkplätzen geht man über die Brücke, dann sofort rechts und anschließend links hinauf. Gut 500 Meter hinter der Kapelle treffen wir auf den Hauptweg ins Karwendeltal, das nun meilenweit einwärts durchwandert wird. Der Fahrweg mag über diese Strecke etwas eintönig erscheinen, doch darf man sich in Muße auf die landschaftlichen Reize einlassen: die grünen Almböden, den rauschen-

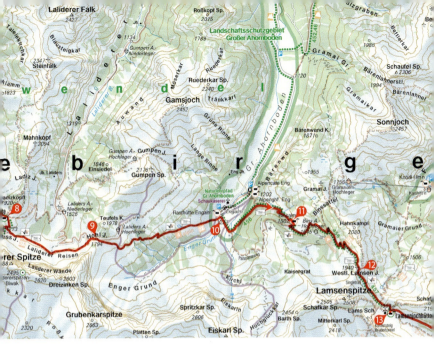

Der Kleine Ahornboden zählt zu den Naturschätzen im Karwendel.

den Bach und die links wie rechts ansteigenden Felsflanken. Ohne wesentlichen Höhengewinn erreichen wir die Larchetalm (3), 1173 m, die leider seit einigen Jahren nicht mehr bewirtschaftet ist, und mäßig ansteigend die Angeralm (4), 1310 m. Erst zum Schluss zieht die Route deutlich steiler in Serpentinen zum Karwendelhaus (5), 1765 m, hinauf (teilweise Abkürzer).

2. Tag: Wir überschreiten den nahen Hochalmsattel, 1803 m, und können jenseits entweder durch den Geländeeinschnitt des Unterfilztals oder etwas weiter, aber aussichtsreicher über den breiten Ziehweg rechts davon absteigen. Man erreicht den idyllischen Kleinen Ahornboden (6), 1399 m, mit seinen uralten, knorrigen Ahornbeständen vor den Felsfluchten der Kaltwasserkar- und Birkkarspitze. Ein Denkmal erinnert an Hermann von Barth, den berühmten Alpenpionier und Karwendelerschließer.

Das lange Karwendeltal eignet sich perfekt für Radler.

Über die Ladizalm nähern wir uns den Laliderer Wänden.

Kurz darauf rechts über eine Brücke (der Hauptweg führt indes ins Johannestal), quer über einen Schuttstrom und durch den Sauisswald allmählich wieder bergauf. Bald gelangt man in freies Gelände, wo der breite Weg im Angesicht imposanter Nordwände an der schmucken **Ladizalm (7)**, 1573 m, vorbei bergauf zieht. Am besten wählen wir dann den abkürzenden Steig zur **Falkenhütte (8)**, 1848 m, die jüngst generalsaniert worden ist. Direkt unter dem Abbruch der Laliderer Wände, einem der großen Schaustücke im Karwendel, fühlt man sich vollkommen in Bann gezogen.

3. Tag: Nachdem wir vom nahen Spielissjoch die Laliderer Reisen hinüber zum **Hohljoch (9)**, 1794 m, gequert haben und damit unter der mächtigen Nordkante der Dreizinkenspitze stehen, steigen wir auf dem unteren Weg über licht bewal-

Absolutes Schaustück: die Felswände im Nahbereich der Falkenhütte.

Bei der Lamsenjochhütte, im Hintergrund das Sonnjoch.

dete Wiesenhänge schräg zu den **Engalmen (10)**, 1227 m, am Großen Ahornboden ab. Hier geht es tagsüber meist kunterbunt zu. Ohne den frequentierten Alpengasthof zu berühren, drehen wir gleich vorn nach rechts ab und folgen dem Fahrweg hinauf zur beliebten **Binsalm (11)**, 1502 m. Die Fortsetzung hält sich bald wieder an einen Fußweg, der durch eine Hangmulde ohne besondere Hindernisse das **Westliche Lamsenjoch (12)**, 1940 m, ansteuert. Eine Querung steilerer Hänge führt schließlich zur **Lamsenjochhütte (13)**, 1953 m, hinüber, überragt vom gewaltigen Felszahn der Lamsenspitze.

4. Tag: Beim Abstieg ins Stallental benutzen wir den gerölligen Güterweg in der Flanke, solange der Wanderpfad durch die Talmitte gesperrt bleibt. Beide kommen später eh wieder zusammen und führen wei-

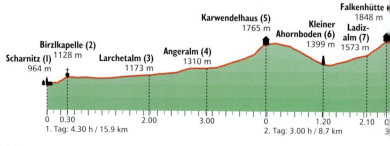

Imposanter Bergkessel, dominiert von der Kaltwasserkarspitze.

ter abwärts zur **Stallenalm (14)**, 1340 m. Über die Stallenböden flach talauswärts, ehe sich nach rund drei Kilometern ab Alm links ein Abzweig anbietet **(15)**. Adlerweg und Via Alpina nutzen diese Route, die sich nun steiler gegen den Stallenbach absenkt. Wir schwenken nach links, überschreiten die Brücke unterhalb von Kloster St. Georgenberg und stoßen sofort auf den oberen Einstieg in die **Wolfsklamm (16)**, ca. 800 m. Zahlreiche Holztreppen mit insgesamt mehr als 300 Stufen sowie etliche Brücken machen den Durchstieg möglich und für uns obendrein zu einem spannenden Finale. Der interessanteste Teil mit sehenswerten Wasserkaskaden befindet sich in der Mitte. Wir kommen schließlich im Ortsgebiet von **Stans**, 563 m, heraus und marschieren zuletzt noch bis zum Bahnhof **(17)**.

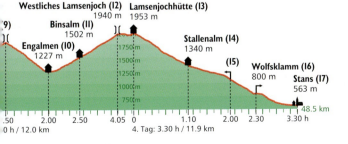

Tuxer Alpen

21 Große Ellbögener Täleruberschreitung

Vom Arztal über die Kreuzspitze ins Viggartal

Zum Glungezerkamm in den Tuxer Alpen
Aus dem Gemeindegebiet von Ellbögen, als Streusiedlung im Wipptal südlich von Innsbruck gelegen, greifen zwei Hochtäler in den Westteil der Tuxer Alpen hinein. Somit wird die Verbindung zwischen Arztal und Viggartal vor Ort als »Große Täleruberschreitung« ausgewiesen. Sie bringt uns den weitläufigen Schwung dieser Berglandschaft näher, bekommt im Bereich der Kreuzspitze auch mal leicht alpinen Touch, eignet sich aber hauptsächlich für den vergleichsweise gemäßigten Bergwanderer. Als Tagesunternehmung wäre es gleichwohl eine ziemlich stramme Tour. Doch warum nicht im gemütlichen Meissner Haus übernachten und am zweiten Tag mit der Viggarspitze noch einen feinen Innsbrucker Aussichtspunkt aufs Programm setzen? So fügt sich alles prima zu einem abwechslungsreichen Wochenende zusammen ...

KURZINFO

Ausgangspunkt: Parkplatz Hinterlarcher, ca. 1380 m, bei Oberellbögen (gebührenpflichtig). Zufahrt von der Ellbögener Straße über eine gut ausgebaute Bergstraße.

Endpunkt: Wie Ausgangspunkt.
Etappendaten:
▶ **1. Tag:** 1400 Hm↑, 1060 Hm↓, 6.30 Std.
▶ **2. Tag:** 880 Hm↑, 1220 Hm↓, 5 Std.
▶ **Gesamt:** 2280 Hm↑↓, 11.30 Std.
Anforderungen: Über die Kreuzspitze streckenweise nur dürftig ausgetreten, aber

Der Zirbenweg gehört zu den populärsten Innsbrucker Panoramarouten.

Das Almgasthaus Boscheben befindet sich am beliebten Zirbenweg.

durchwegs Wandergelände ohne schwierige Stellen und auch ausreichend markiert (T3). Zur Viggarspitze teils ähnlich, beim Abstieg via Boscheben besser ausgebauter Wanderweg (T2–3). Zur Profeglalm urwüchsiger Waldsteig, abschließend Forststraßen. In mittleren Lagen Matten-Zwergstrauch-Bewuchs, weiter oben steiniger. Mit elementarer Trittsicherheit und normaler Bergkondition beherrschbare Tour.

Maximale Höhe: Kreuzspitze, 2746 m.
Einkehr/Übernachtung:
1. Tag: Almwirtschaft Arztal, 1900 m. Meissner Haus, 1720 m, DAV, Anfang Juni bis Ende Oktober, Tel. +43 512 377697.

2. Tag: Meissner Haus. Alpengasthof Boscheben, 2024 m, Tel. +43 660 2345396. Profeglalm, 1809 m, Sa/So bewirtschaftet.

Varianten:
1. Aus dem Arztal zum Rosenjoch, 2796 m, mit anschließender Kammverbindung zur Kreuzspitze.
2. Die »Kleine Tälerüberschreitung« führt in etwas engerem Zirkel über den Westausläufer des Morgenkogels, 2607 m.

Karten: AV-Karte 1:50.000, Blatt 31/5 »Innsbruck und Umgebung« oder Blatt 33 »Tuxer Alpen«. Freytag & Berndt 1:50.000, Blatt 241 »Innsbruck – Stubai – Sellrain – Brenner«.

1. Tag: Vom Parkplatz (1) wandern wir am Hof Hinterlarcher vorbei taleinwärts. Bei der Hinterlarcherkapelle kann man dem alten Steig folgen oder weiterhin der Almstraße, auf die man eh wieder trifft. Mit einigen Schleifen schraubt sie sich zur Almwirtschaft Arztal (2), 1900 m, empor. Dahinter immer noch auf breiter Trasse über die nächste Geländeschwelle bis vor den Arztaler Hochleger. Hier zweigen wir in die linksseitigen, mit Gras und Zwergsträuchern bewachsenen Hänge ab (3), ca. 2100 m. Plötzlich ist der Pfad nur dürftig, teilweise überhaupt nicht mehr ausgeprägt. Im Bereich der Penzenböden lassen wir

Der Kessel des inneren Viggartals, kulminierend in der Kreuzspitze.

die Route zum Rosenjoch rechts abziehen, folgen weiter dem Hinweis »Große Tälerüberschreitung – Kreuzspitze« und kommen über Schafmatten in zunehmend karges Gelände voran. In einer kleinen Senke verbirgt sich der **Dürrensee (4)**, ca. 2520 m. Wir durchschreiten eine Blockmulde und erreichen links haltend den Gratüberstieg, ca. 2650 m, von wo die **Kreuzspitze (5)**, 2746 m, rasch mitzunehmen ist. Zurück beim Abzweig geht es nordwestwärts über steinigen Untergrund mit mehreren Absätzen in die Seegrube hinab. Wir passieren die »Blauen Seen« und kommen etwas tiefer am sagenumwobenen **Geschriebenen Stein (6)**, 2190 m, vorbei. Der Felsklotz wird als steinzeitlicher Kultplatz gedeutet. Nun aus dem Kessel auf die rechte Seite hinüber, wo nach einer Weile eine Aufstiegsmöglichkeit zum Glungezer abzweigt, etwas später beim **Viggar Hochleger (7)**, ca. 1930 m, dann

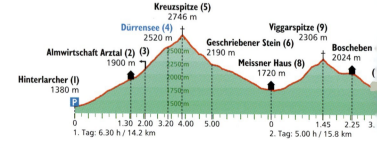

Jenseits des Inntals spannt sich die Karwendel-Südfront auf.

jene zur Viggarspitze. Die vormals eher kleine Pfadspur wird nun zum breiteren Almweg, der sich in die Talsohle hinunterschraubt und jenseits des Bachs zum Viggar Niederleger gelangt. Zuletzt nochmals über eine Brücke und kurz ansteigend zum **Meissner Haus (8)**, 1720 m.

2. Tag: Von unserem Stützpunkt zunächst via Viggaralm rund eine Dreiviertelstunde auf der Route vom Vortag zurück, bis sich beim Hochleger der Gipfelabzweig ergibt **(7)**.

Der Steig windet sich durch letzte Lärchenbestände und oberhalb durch typische Zwergstrauchheiden bergwärts. Wir stoßen auf den Glungezerweg, gehen auf diesem kurz nach links (!) um ein Eck herum und mit dem Gipfelstich schließlich in Kehren bis auf die **Viggarspitze (9)**, 2306 m. Sie erweist sich als toller Inntaler Logenplatz! Das oberste Stück ist beim Abstieg identisch, dann westwärts hinab auf den beliebten Zirbenweg und ohne große

Zur Alpenrosenblüte ist es in den Tuxer Alpen besonders reizvoll.

Almgründe im Viggartal, hinten ist der Patscherkofel zu erkennen.

Höhendifferenzen zur urigen Einkehrmöglichkeit auf **Boscheben (10)**, 2024 m. Von dort führt ein guter Waldweg schräg abwärts zurück zum **Meissner Haus (8)**.

Für den Rundenschluss abermals zum Viggar Niederleger hinüber und dort der Bezeichnung »Kleine Tälerüberschreitung« folgend. Die manchmal etwas verwachsene Route vollzieht eine längere Hangtraverse in urwüchsigem Gelände, zunächst merklich ansteigend, später nur noch leicht auf und ab bis zur **Profeglalm (11)**, 1809 m. Dort stößt man auf eine Forststraße, deren erste Schleife abgeschnitten werden kann. Am Mühltaler Berg noch einige Zeit gemäßigt abwärts bis nach Oberellbögen und von der Siedlung zuletzt rund 500 Streckenmeter leicht ansteigend zum **Parkplatz Hinterlarcher (1)**.

Tuxer Alpen

In der Wattener Lizum

22

Mölser Berg, Lizumer Reckner und Hippoldspitze ★★★

Etwas abseits vom »Mainstream« im Herzen der Tuxer Alpen

Die Berghütte in der Wattener Lizum erfreut sich eigentlich regen Zuspruchs, vor allem hervorgerufen durch die zahlreichen Weitwanderer, die auf ihrem Weg von München nach Venedig hier Station machen. Häufig trifft man nach Feierabend auch Soldaten an, denn ringsum breitet sich ein militärisches Übungsgelände aus. Sofern nicht gerade scharf geschossen wird, sind die Berge freilich zugänglich. Und da haben wir an dieser Stelle schon ein eher exklusives »Package« anzubieten, denn die Routen über den Mölser Berg und die Hippoldspitze werden sommers nicht allzu häufig ausgeführt, außer am Sonntag nach Mariä Himmelfahrt, wenn am Mölser Berg eine Gipfelmesse gefeiert wird. Populärer sind da schon der moderate Geier sowie der kantige, mit einer spannenden Kraxeleinlage aufwartende Lizumer Reckner, dem übrigens das Prädikat »Hauptgipfel der Tuxer Alpen« gebührt. Besonderen Pep bekommt die zweite Etappe aber, wenn man nach dem Reckner auch noch die Lizumer Sonnenspitze anpeilt. Diese Option ist als »Wilder Weg« freilich nur für Erfahrene gedacht, denn gerade der Abstieg gestaltet sich entlang einer mittlerweile aufgelassenen Route noch unerwartet heikel. Daher ist bei diesem Programm mehr als sonst eine gute Portion Orientierungsvermögen gefragt. Und am Ende dieser drei Tage wird die Erkenntnis stehen, dass sich die vermeintlich langweiligeren Tuxer Alpen inmitten vieler namhafter Tiroler Berggruppen nicht zu verstecken brauchen. Für die Gipfelaussichten gilt dies sowieso regelmäßig.

Die Wattener Lizum ist das Herz der Tuxer Alpen. Links schaut noch der Olperer herüber.

Mit einem attraktiven Tourenrevier kann die Lizumer Hütte punkten.

KURZINFO

Ausgangspunkt: Lager Walchen, 1410 m, kostenfreier Parkplatz unmittelbar vor dem Militärareal. Zufahrt von Wattens über Wattenberg ins Hochtal. Mi. bis So. verkehrt um 8.25 Uhr ein Wanderbus ab Bahnhof bis Lizumer Hütte, Infos und Anmeldung: Tel. +43 664 3713613 oder +43 5224 53399.
Endpunkt: Wie Ausgangspunkt.
Etappendaten:
▶ **1. Tag:** 1090 Hm↑, 480 Hm↓, 4.45 Std.
▶ **2. Tag:** 1060 Hm↑↓, 5.45 Std.
▶ **3. Tag:** 720 Hm↑, 1330 Hm↓, 5.15 Std.
▶ **Gesamt:** 2870 Hm↑↓, 15.45 Std.
Anforderungen: Wirklich anspruchsvoll (T4) ist das Gelände nur am felsigen Gipfelaufbau des Lizumer Reckner (klettersteigartig entschärft) sowie phasenweise über die Lizumer Sonnenspitze (unwegsame Blockfelder und Bröselschutt). Der größte Teil der Tour geht indes nicht über T3 hinaus. Allerdings manchmal nur spärliche Pfade bzw. Spuren, mehrheitlich im Mattengelände, teilweise auch Blockschutt. Am 1. und 3. Tag zumindest elementare Trittsicherheit nötig, am 2. Tag ausgeprägter, auch mit Schwindelfreiheit. Zudem gutes Routengespür, da nicht überall ausreichend markiert (speziell am Mölser Berg, über die Sonnenspitze und hinauf zum Hippoldjoch). Konditionell durchschnittlicher Anspruch.
Maximale Höhe: Lizumer Reckner, 2886 m.
Einkehr/Übernachtung:
1.-3. Tag: Lizumer Hütte, 2019 m, ÖAV, Anfang Juni bis Mitte/Ende Oktober, Tel. +43 5224 52111 oder +43 664 6475353.

Varianten:
1. Beschränkt man die Tour am 2. Tag auf den Geier (hin und zurück), bleibt das Gesamtniveau bei T3 (rot).
2. Zur Lizumer Hütte auch über den Normalanstieg (Zirbenweg) in gut 2 Std.
Karten: AV-Karte 1:50.000, Blatt 33 »Tuxer Alpen«. Freytag & Berndt 1:50.000, Blatt 151 »Zillertal – Tuxer Al-

pen – Jenbach – Schwaz«.
Hinweis: Die Routen führen durch militärisches Gebiet, das gelegentlichen Sperrungen unterworfen ist (Schießanzeigen beachten; nähere Auskünfte erteilt das Kommando unter Tel. 050201/6442010).

Am 1. Tag kommen wir am Mölssee vorbei.

1. Tag: Vom Parkplatz durch das **Lager Walchen (1)**, 1410 m, einwärts und in Kürze rechts auf den Güterweg ins Mölstal. Auf knapp 1700 Metern wird der **Mölser Niederleger (2)** passiert, danach ist es noch ein gutes Stück – zuletzt flach – Richtung **Mölser Hochleger (3)**, 2037 m. Dort zweigt links der Steig ab. Über die westexponierten Hänge im Bogen zum idyllischen Mölssee und über die nächste Geländestufe zur **Mölser Scharte (4)**, 2379 m, hinauf. Wer auf den Gipfel verzichten möchte, wendet sich jetzt auf die andere Seite, ansonsten geht es nach links auf den kleinen, dürftig signalisierten Kammsteig. Im Auf und Ab über einige Köpfe hinweg und nordwärts hinüber zum Kreuz am **Mölser Berg (5)**, 2479 m. Im Abstieg kurz zurück und dann auf schmalem, aber deutlichem Pfad schräg in die Ostflanke hinein. Man gelangt auf die Wiesenböden unterhalb und trifft bei Schotteben auf einen breiten Almfahrweg. Nach einer markanten Schleife rücken wir wieder rechts davon ab, um die **Lizumer Hütte (6)**, 2019 m, anzusteuern.

2. Tag: Taleinwärts halten wir uns auf den Lizumer Böden an den Fahr-

Am Weg zum Geierjoch.

Die Bergmatten der Tuxer Alpen sind häufig mit Alpenrosen bewachsen.

det sich anschließend in das Kar nördlich des Pluderling hinauf, wobei der typische Blockschutt bis in den Sommer hinein noch unter Schnee verborgen sein kann. Man ignoriert den Hinweis auf die Skiroute nach rechts und nähert sich dem Geierjoch, wo in der jenseitigen Mulde der Junssee vor dem Panorama der Zillertaler Alpen auftaucht. Rechter Hand wird die Hauptspur in Kürze verlassen, um über die letzten Hänge und Absätze die breite Kuppe der Geierspitze (8), 2857 m, zu gewinnen. Beim Übergang zum Lizumer Reckner (9), 2886 m, kurz abwärts in den Trennsattel, dann am und neben dem Grat über teilweise steile Felsaufschwünge (Drahtseile und Metallgriffe; Schlüsselstelle ist ein luftiges Eck) zum höchsten Punkt.

Wer anstelle des Rückwegs auf der gleichen Route noch etwas Außergewöhnliches wagen möchte, kann aus dem Sattel über mürben Schutt ostwärts absteigen, um anschließend in nördlicher Richtung abzudrehen. Nachdem grobe, etwas instabile Blockfelder überschritten sind, wird der Untergrund in leichten Wellen deutlich gutmütiger. Etwas ansteigend nähern wir uns der Lizumer Sonnenspitze (10), 2831 m, die auf dieser Seite nur ein paar

weg, nutzen also nicht mehr die alte Route Nr. 323, und gelangen nun rechtsseitig auf erdigem Weg höher. Erst oberhalb der nächsten Geländeschwelle wird wieder in die Originalroute eingefädelt (7). Diese win-

Die etwas abweisend wirkende Lizumer Sonnenspitze lässt sich von Geübten überschreiten.

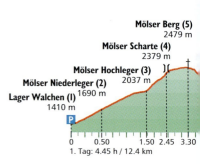

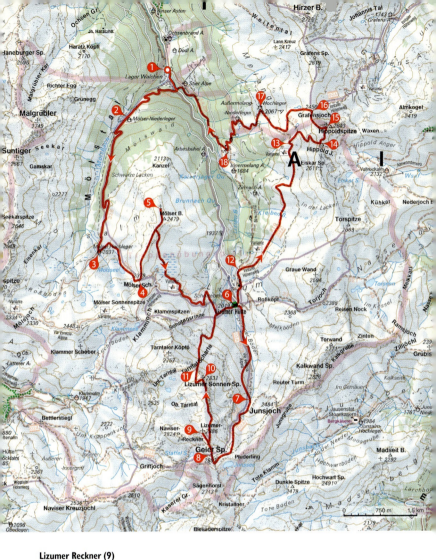
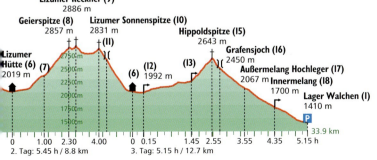

Die Hippoldspitze erhebt sich etwas abseits, erlaubt aber einen trefflichen Überblick über das Gebiet der Wattener Lizum.

harmlose Felsen zeigt. Der Abstieg führt zunächst gen Westen und zieht dann um eine Gratkante herum erneut in abschüssiges Gelände, Bröselschutt mit kleineren Felsstufen. In diagonaler Linie vorsichtig zur **Tarntalscharte (11)**, ca. 2620 m, wo wir einer Markierung nordostwärts hinab folgen. Diese wird im weiteren Verlauf jedoch blass und spärlich; auch die Steigspuren verlieren sich zwischendurch in zunehmend grasigem Terrain. Mehrere Absätze wechseln mit steileren Passagen, bevor diese nicht mehr unterhaltene Route auf den Wiesenböden sanft ausläuft. Nun rasch hinüber zur **Lizumer Hütte (6)**.

3. Tag: Von unserem Basislager nehmen wir die Verbindung zur Weidener Hütte auf und gelangen damit auf die rechte Seite der Kasernen, am Kircherl vorbei und in wenigen Minuten zum Abzweig des eigentlichen Höhenwegs **(12)**, der bald einmal recht steile, strauch- und zirbenbewachsene Hänge quert. Insgesamt gewinnt man während der langen Traverse nur wenig an Höhe, wobei der Pfad später im Gras tendenziell etwas angenehmer wird. An einem kleinen Rücken ein Stück weit aufwärts, dann erneut gen Norden querend, bis der Weg zu einem Graben hin deutlich abzufallen beginnt (bei einem Militärschild). Hier entdeckt der Aufmerksame eine verblasste Markierung bergauf **(13)**, ca. 2215 m. Knapp 100 Meter höher trifft man auf einen deutlicheren Pfad, der schräg nach rechts zieht, sich dann aber ebenfalls teilweise verliert. Im Bereich einer kleineren Grasrinne aufwärts, dann wieder eher rechts haltend und im optimalen Fall auf einigen – nicht markierten – Steigspuren hinauf ins **Hippoldjoch (14)**, 2524 m. Von der Ostseite kommt eine bezeichnete Route dazu, mit der wir nun noch rund 20 Minuten bis zur **Hippoldspitze (15)**, 2643 m, vor uns haben. Das Kreuz empfängt uns hier allerdings schon vor dem allerhöchsten Punkt.

Das Bergab leiten wir auf deutlicher Spur westwärts ein, wenden uns bald mehr nach rechts und durchsteigen die mürbe Flanke hinunter zum **Grafensjoch (16)**, 2450 m, mitunter auch Krovenzjoch geschrieben. Über diesen Sattel verläuft übrigens die reguläre Verbindung zur Weidener Hütte. Wir steigen indes auf Wattener Seite ab, nutzen im Mattengelände einen guten Bergweg, bald mehr nach links. Wo die Höhenroute scharf zum zuvor erwähnten Graben abknickt, orientieren wir uns

Hübsches Hüttenensemble – der Außermelang Hochleger.

rechts zum **Außermelang Hochleger (17)**, 2067 m. Ein Fahrweg leitet weiter zum Niederleger (Almkäserei) und zur Einmündung in den Zirbenweg im Bereich von **Innermelang (18)**. Nun scharf rechts in den Wald, auf Forstweg ein gutes Stück bergab und schlussendlich am Bach entlang zum **Lager Walchen (1)**.

Nur noch wenige Schritte bis zum Gipfel der Lizumer Sonnenspitze.

Zillertaler Alpen

23 Die Olperer-Randonnée

Über Alpeiner- und Friesenbergscharte

Rund um den höchsten Berg am Tuxer Hauptkamm
Umrundungen bestimmter hoher Berge sind eine interessante Sache, bekommt man doch im Verlauf die verschiedenen Gesichter und überhaupt sehr viel Abwechslung geboten. Manchmal sind solche Routenkreationen auf eine Woche und mehr ausgelegt und schweifen dann auch meist ein gutes Stück vom namengebenden Objekt ab. Der Rundkurs um den Olperer, seines Zeichens einer der Zillertaler Paradeberge, ist enger gefasst und lässt sich perfekt binnen drei Tagen erwandern. Geschmackssache, wo man startet – touristisch betrachtet ist wohl der Hintertuxer Talschluss die erste Adresse. Vielleicht möchte man aber auch dem Gletscherskigebiet dort nicht zu sehr huldigen oder hat anfahrtsbedingt eine andere Idee. Jedenfalls liegt eine Handvoll Scharten an der Olperer-Randonnée, deren – nicht von mir erdachten – französischen Namensbezug ich übrigens nicht so ganz nachvollziehen kann, denn in Tirol würde man normalerweise wohl schlicht von »Runde« sprechen ... Kaserer Schartl, Kleegrubenscharte und Steinernes Lamm geben sich am ersten Tag relativ hindernisarm. Wir steuern damit die Geraer Hütte auf der Westseite des Olperer an und mühen uns tags darauf über die Alpeiner Scharte hinweg. Dieser Weg gebärdet sich zentralpentypisch steinreich, ist aber im Grunde gut angelegt und wurde schon im Zuge früherer Bergbauaktivitäten genutzt. Wirklich schwierig wird er nur bei

Zielpunkt der 1. Etappe ist die Geraer Hütte über dem Valser Talschluss.

Seeauge im Unterschrammachkar, im Hintergrund der Große Möseler.

Schnee und Eis. Einen Logenplatz hoch über dem Schlegeis-Stausee offeriert uns die moderne Olpererhütte. Fantastisch die Kulisse um Möseler und Hochfeiler, speziell im Abendlicht! Die Hürde am letzten Tag heißt Friesenbergscharte und enthält auf den obersten Metern die wohl exponiertesten Passagen der Tour. Jenseits schließt sich der Kreis wieder Richtung Skigebiet und zeigt uns die wohl unerfreulichste Facette am Olperer, die so nah an den geschützten Bereichen einen harten Gegensatz liefert. Zweifelhaft, ob man wirklich 365 Tage im Jahr »Skigaudi« anbieten muss …

KURZINFO

Ausgangspunkt: Talstation der Hintertuxer Gletscherbahnen im Talschluss, ca. 1500 m, erreichbar auch per Bus von Mayrhofen. Mit der ersten Sektion hinauf zur Station Sommerbergalm, 2028 m. Betriebszeiten ganzjährig von 8.15 bis 16.30 Uhr.
Endpunkt: Wie Ausgangspunkt.
Etappendaten:
- **1. Tag:** 1050 Hm↑, 750 Hm↓, 5.30 Std.
- **2. Tag:** 880 Hm↑, 820 Hm↓, 5 Std.
- **3. Tag:** 650 Hm↓, 1010 Hm↓, 5.20 Std.
- **Gesamt:** 2580 Hm↑↓, 15.50 Std.

Anforderungen: Wechsel von normalen Bergwegen und zwei anspruchsvolleren Schartenübergängen, die in sehr steinigem Gelände unbedingt gute Trittsicherheit verlangen. Schlüsselpassagen sind also Alpeiner- sowie die Friesenbergscharte (speziell ostseitig ausgesetzt mit Sicherungen); jeweils T3–4 und demnach fast schon »schwarz« (was bei nicht optimalen Verhältnissen definitiv der Fall ist – deshalb nicht zu früh im Jahr begehen). Öfters mit Platten trassierte Routen. Konditionell drei ausgeglichene durchschnittliche Etappen.
Maximale Höhe: Alpeiner Scharte, 2959 m.
Einkehr/Übernachtung:
1. Tag: Tuxer-Joch-Haus, 2313 m, ÖTK,

Auf der Neumarkter Runde sind meist zahlreiche Wanderer unterwegs. Im Blick der mächtige Schrammacher.

Mitte/Ende Juni bis Ende September, Tel. +43 5287 87216. Geraer Hütte, 2326 m, DAV, Mitte Juni bis Mitte Oktober, Tel. +43 676 9610303.
2. Tag: Olpererhütte, 2388 m, DAV, Anfang Juni bis Anfang Oktober, Tel. +43 664 4176566.
3. Tag: Eventuell Friesenberghaus, 2498 m, DAV, Mitte Juni bis Ende September, Tel. +43 676 7497550. Restaurant Sommerbergalm. Spannagelhaus geschlossen!

Varianten:
1. Es kommen auch andere Ausgangspunkte infrage, z.B. Kasern, 1620 m, im inneren Schmirntal mit Zugang in den Kaserer Winkl oder der Speicher Schlegeis (1782 m, Mautstraße aus dem Zillertal), von wo man zur Olpererhütte oder zum Friesenberghaus aufsteigen kann.
2. Von der Sommerbergalm etwas direkter durch die Ramsen zum Kaserer Schartl.
3. Die 2. Etappe ließe sich bis zum Friesenberghaus ausdehnen, um dort zu übernachten. Oder am 3. Tag Zwischenabstieg dorthin und auf der anderen Kesselseite im Bogen bis unter die Friesenbergscharte (etwa 30 Min. Mehraufwand).
Karten: AV-Karte 1:25.000, Blatt 35/1 »Zillertaler Alpen West«. Freytag & Berndt 1:50.000, Blatt 152 »Mayrhofen – Zillertaler Alpen – Gerlos – Krimml – Tuxertal«.

1. Tag: Nach der Bergfahrt zur **Sommerbergalm (1)**, 2028 m, folgen wir dem breiten, kurvigen Wirtschaftsweg über die Melkböden hinauf zum **Tuxer-Joch-Haus (2)**, 2313 m. Von dort über die Nordabdachung gegen die **Frauenwand (3)**, 2541 m, hinan, wobei man wahlweise das vorgeschobene Kreuz respektive den höchsten Punkt aufsuchen kann. Von der Kammhöhe bald etwas nach links abrückend, wechseln wir am **Kaserer Schartl**, 2446 m, die Seite, queren schräg absteigend einen Kartrichter, kreuzen eine Rinne und gelangen nach einigem Zickzack tiefer um eine Geländenase herum in die **Tote Grube (4)**, ca. 2140 m. Hier kommt der Zugang aus dem Kaserer Winkl dazu. Nun im Bogen auf die gegenüberliegende Seite und im Angesicht der markanten Schöberspitzen über eine Geländeschwelle hinweg, weiter am linken Hang mit ein paar Kehren und schräg bergauf bis in die **Kleegrubenscharte (5)**, 2499 m. Durch ein Interreg-Projekt konnte unlängst eine optimierte Wegführung quer durch den folgenden Hang, um die Vordere Höllwand herum (Drahtseil) und dann durch die Moränenfelder der »Hölle« angelegt werden. Sie erspart uns größeren Zwischenabstieg. Gleichwohl schlagen einige Aufwärtsmeter zu Buche, ehe wir uns dem weitläufigen Sattel beim **Steinernen Lamm (6)**, ca. 2510 m, nähern. Gemeinsam mit der Wild-

Zillertaler Alpen

lahner-Route geht es jetzt auf schönem Steinplattenweg sachte abwärts. Vor einem tiefen Graben deutlicher bergab und auf neuer Stahlbrücke hinüber zur **Geraer Hütte (7)**, 2326 m.

2. Tag: Wilhelm-Scheithauer-Weg heißt die Route hinauf zur Alpeiner Scharte, die in der ausgedehnten, steinigen Karbucht zunächst einmal recht angenehm und nur mäßig steil beginnt. Dem Gelände gut angepasst allmählich mehr nach rechts hinüber und über typischen Blockschutt auf einen Absatz mit Bergbau-Relikten. Wir orientieren uns zum Wandsockel des Fußstein (linker Hand die berühmte Westkante!) und arbeiten uns in gröberem Terrain zunehmend beschwerlich, aber meist noch steigartig, bis in die **Alpeiner Scharte (8)**, 2959 m, empor. Jenseits erwarten uns ebenfalls steile Passagen in Schutt und Blockwerk, bei anfangs wechselnder Qualität des Steiges. An einer Gratrippe wird dieser erst einmal besser. Danach diagonal durch die Halde auf

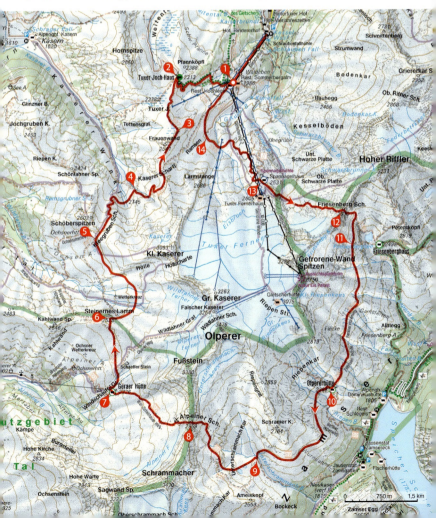

Zum Friesenberghaus kann ein Abstecher erwogen werden. Am Horizont leuchten Schwarzenstein und Hornspitzen.

die rechte Seite, hinter einem Grabenansatz unter eine Wand und nach kurzer Bändertraverse im allgegenwärtigen Blockschutt weiter abwärts. Zwischen Gerinnen windet sich die Route tiefer – wobei speziell ein Graben vermurt sein und dann eine etwas heikle Stelle hervorrufen kann –, um schließlich flach ins **Unterschrammachkar** auszulaufen. Dort an den Seen vorbei zur Gabelung **(9)**, ca. 2300 m, und über den Bach hinweg. Gemeinsam mit der Neumarkter Runde geht es nun diagonal bergauf (mit Steinplatten gut stabilisiert), um die Vorsprünge des Schramerkopfes herum und geringfügig auf und ab allmählich ins Riepenkar hinein. Nachdem dieses ausgegangen ist, empfängt uns die **Olpererhütte (10)**, 2388 m.

3. Tag: Über die Hängebrücke nehmen wir die Verbindung zum Friesenberghaus – die übrigens auch zum berühmten Berliner Höhenweg gehört – auf und durchqueren die Hänge weithin auf einem Steinplattenweg oder phasenweise durch Blockschuttgelände. Die Route steigt sukzessive leicht an, zieht um mehrere Ecken und kreuzt später auch diverse Gräben, teils wasserführend und eventuell leicht vermurt. Vorsicht, falls der Steig etwas abgerutscht ist! Nach gut anderthalb Stunden wird das Friesenberghaus mit steilem Bergab ausgewiesen **(11)**, ca. 2615 m. Wir können allerdings gleich die Höhe halten, queren damit also weiter durch die Blockschuttflanken sowie über einzelne Gerinne und kommen nordwärts zur Vereinigung mit der Route vom Petersköpfl her (diese wird vorzugsweise von Besuchern des Friesenberghauses gewählt). Kehren

Oben: Mit ihren Faltungen vermitteln die Schöberspitzen Geologie hautnah.
Unten: Überdeutlich ist die Markierung im Bereich »Steinernes Lamm«.

Auf Hintertuxer Seite ist die starke Erschließung nicht zu übersehen.

leiten jetzt kräftig empor in immer steileres Gelände. Im oberen Teil folgt unser Steig kleinen Gesimsen im Geschröf und ist aufgrund der Ausgesetztheit mit Sicherungen versehen. In geschickter Routenführung gewinnt man die **Friesenbergscharte (12)**, 2910 m, links neben einem auffälligen Zacken.

Jenseits nach rechts ausholend und weithin über Blockwerk und Schotter bergab, bis in den Sommer hinein eventuell auch noch über ausgedehnte Schneefelder. Die Neigung ist auf dieser Seite aber meist deutlich gemäßigter. Aus einem Geländeeinschnitt quert man dann nochmals leicht aufwärts und erreicht über eine massive Bachbrücke hinweg das verwaiste **Spannagelhaus (13)**, 2531 m, das mitten im Gletscherskigebiet seine einstige Funkti-

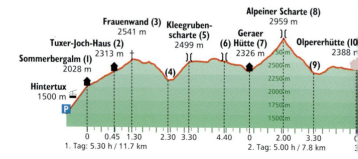

Die Olpererhütte besitzt einen Logenplatz über dem Schlegeis-Stausee. Dahinter Greinerkamm und der vergletscherte Möseler.

on verloren hat. Etwas oberhalb befindet sich das Tuxer-Ferner-Haus mit Seilbahnstation, doch ziehen wir es vor, weiter bergab zu wandern, zunächst auf Steig unter der Seilbahntrasse, dann auf Fahrweg bis zu einer großen Rechtskurve **(14)** und schließlich auf dem dort abzweigenden Hangweg zurück zur **Sommerbergalm (1)**.

Die Friesenbergscharte wird von einem spitzen Felszacken flankiert.

Zillertaler Alpen

24 Am Berliner Höhenweg

Schönbichler Horn und Mörchenscharte

Die Kernstücke der großartigen, populären Zillertaler Runde
Den Berliner Höhenweg, neuerdings auch als Zillertaler Runde propagiert, muss man passionierten Hüttenwanderern wohl kaum noch anpreisen. Die Beliebtheitswerte waren immer schon hoch und sind in den letzten Jahren wohl sogar noch gestiegen. Die gesamte, gut einwöchige Tour kann der Interessierte detailreich in meinem Wanderführer »Trekking im Zillertal« studieren. An dieser Stelle picken wir uns – unter dem Motto »Wochenendtouren« – die vermeintlichen Filetstücke heraus, wobei dies natürlich auch dem individuellen Geschmack unterworfen ist. Jedenfalls gilt die Überschreitung des Schönbichler Horns vor der Kulisse der schönsten Zillertaler Schaustücke als absoluter Glanzpunkt. Hochfeiler, Möseler und Turnerkamp zeigen sich mit ihren Gletschern zum Greifen nah – in 3134 Meter Höhe befinden wir uns damit schon fast auf Augenhöhe. Über das Schönbichler Horn führt die Verbindung zwischen Furtschaglhaus und Berliner Hütte, zwei altehrwürdigen Schutzhäusern der Alpenvereinssektion Berlin, deren eines sogar unter Denkmalschutz gestellt wurde. Die Berliner Hütte ist innen sehr prunkvoll gestaltet. Auf der Fortsetzung legt sich die berüchtigte Hürde der Mörchenscharte in den Weg – für den gestandenen Alpinwanderer ein weiteres Gustostück. Anstatt aber über die Greizer Hütte weiterzumachen, drehen wir im urtümlichen Floitengrund ab und wandern hinaus nach Ginzling, dem zertifizierten »Bergsteigerdorf« im Hochgebirgs-Naturpark Zillertaler Alpen. Zweifellos bewegt man sich auf dieser Tour in einer der charismatischsten Gegenden Tirols!

Am Schlegeis-Stausee geht's gemütlich los.

Eine Schlüsselpassage liegt an der Mörchenscharte.

KURZINFO

Ausgangspunkt: Speicher Schlegeis, 1782 m, Mautstraße ab Breitlahner (Anfahrt durchs Zillertal via Mayrhofen und Ginzling), die auch vom Linienbus bedient wird. Man nutzt vorteilhaft diesen und parkt zuvor in Ginzling.
Endpunkt: Ginzling, 985 m, an der Verzweigung von Zemmtal und Floitengrund.
Etappendaten:
▶ **1. Tag:** 520 Hm↑, 2.45 Std.
▶ **2. Tag:** 930 Hm↑, 1180 Hm↓, 5.30 Std.
▶ **3. Tag:** 840 Hm↑, 1900 Hm↓, 7.15 Std
▶ **Gesamt:** 2290 Hm↑, 3080 Hm↓, 15.30 Std.
Anforderungen: Zwei strenge alpine Übergänge (jeweils T4), die schon bei guten Verhältnissen ausgeprägte Trittsicherheit verlangen und bei Vereisung heikel werden. In den steilsten Passagen (Nordostseite des Schönbichler Horns und Ostseite der Mörchenscharte) hängen Sicherungen; im Felsgelände teilweise etwas Händegebrauch nötig. Mit dem abschließenden Marsch durch den Floitengrund wird die 3. Etappe lang und ermüdend.
Maximale Höhe: Schönbichler Horn, 3134 m.
Einkehr/Übernachtung:
1. Tag: Furtschaglhaus, 2295 m, DAV, Mitte Juni bis Ende September, Tel. +43 676 9646350.
2. Tag: Berliner Hütte, 2044 m, DAV, Mitte Juni bis Ende September, Tel. +43 676 7051473.
3. Tag: Jausenstation Steinbockhütte, 1382 m. Tristenbachalm, 1177 m.
Varianten:
1. Von der Berliner Hütte problemlos talwärts zum Breitlahner, 1257 m.
2. Am 3. Tag Gegenanstieg zur Greizer Hütte und nach nochmaliger Nächtigung gemütlich durchs Floitental hinaus.
Karten: AV-Karte 1:25.000, Blätter 35/1 und 35/2 »Zillertaler Alpen West bzw. Mitte«. Freytag & Berndt 1:50.000, Blatt 152 »Mayrhofen – Zillertaler Alpen – Gerlos – Krimml – Tuxertal«.

In majestätischem Glanz erstrahlt das Waxeggkees unterm Möseler.

1. Tag: Von der Bushaltestelle am **Speicher Schlegeis (1)**, 1782 m, geht es anfangs am Westufer entlang bis zum letzten Parkplatz am **Zamsgatterl (2)**. Jetzt noch weitere vier Kilometer flach taleinwärts, ehe der gesamte Stausee abgeschritten ist und wir den Zufluss überqueren können. Der breite Fahrweg setzt sich durch den schottrigen **Furtschaglboden**, Richtung Materialseilbahn fort. Kurz davor beginnt der eigentliche Hüttenweg (3). In vielen Serpentinen schraubt sich die gut hergerichtete Trasse an der relativ steilen Berglehne empor, zwischendurch die kleine Bachrunse der Wasserleklamm nach rechts querend. Nachdem sich das Gelände allmählich merklich zurücklegt, erreichen wir in Bälde das **Furtschaglhaus (4)**, 2295 m.

2. Tag: Von dort mit zwei Kehren aufwärts in die Hänge des Furt-

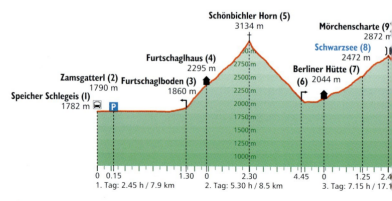

Rast an der 2870 Meter hohen Mörchenscharte.

schaglkares. In vorerst harmlosem Gelände gewinnen wir an Höhe, wobei die schütteren Schafweiden allmählich in karge Block- und Schuttfluren übergehen. Nach einigen Kehren nähern wir uns von Westen dem Gipfelaufbau und bewegen uns an Drahtseilen unter einer Felswand. Über Absätze laviert die Route zum Grat nördlich der Schönbichler Scharte hinauf. Wenige Schritte später ist über blockigen Fels bereits

Das Schönbichler Horn markiert den höchsten Punkt am Berliner Höhenweg.

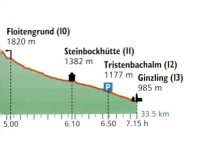

Einer der anspruchsvollsten Gipfel am Zillertaler Hauptkamm ist der Turnerkamp. Das Bild lässt keinen Zweifel aufkommen …

der höchste Punkt am **Schönbichler Horn (5)**, 3134 m, gewonnen.
Im Abstieg kurz zurück und dann links in die Nordostflanke hinein. Auch dort helfen einige Drahtseile über gestuftes Blockgestein tiefer (Stellen I). Bereits auf rund 3000 Meter Höhe läuft der Abschwung des Gipfels auf einen flacheren Gratrücken aus. In typischem Blockschutt balancieren wir weiter und halten uns dann an die rechte Seite des Nordostgrates Richtung P. 2763. Gleich danach mit einem scharfen Rechtsknick kurzzeitig etwas ausgesetzt ins Garberkar hinunter. Hier in blockreichem, aber auch zunehmend begrüntem Gelände unter dem Krähenfuß entlang und später rechts haltend auf die ausgeprägte Seitenmoräne des Waxeggkeeses, das mit Möseler und Turnerkamp stets eine imposante Begleitkulisse formiert. Der Moränenrücken bildet schließlich die Leitlinie für den weiteren Abstieg, bis der Berliner Höhenweg auf gut 2000 Metern rechts abdreht **(6)**. Wir überschreiten den Gletscherabfluss und nach zwischenzeitlichen Blockschuttpassagen noch zwei andere Bäche, die vom Hornkees und vom Schwarzensteinkees gespeist werden. Gleich gegenüber empfängt uns die stattliche **Berliner Hütte (7)**, 2044 m.

3. Tag: Die generelle Nummer 502 des Zentralalpenweges gilt auch für den heutigen Übergang. Sie bringt uns zunächst zu den sumpfigen Böden der Schwarzensteinalm. Die oft mit Platten hergerichtete Trasse schmiegt sich an die begrünten Flanken, zieht ins Feldkar (Abzweig zum Schwarzenstein) und schließlich gen Norden über die Karschwelle zum **Schwarzsee (8)**, 2472 m, der bei Windstille herrlichste Spiegelbilder hervorzaubert. Dafür muss

Blick in den innersten Zemmgrund mit der Kulisse zwischen Zsigmondyspitze (ganz links) und Mörchner (rechts).

man sich freilich abseits zum Nordufer begeben. Die Markierung leitet indes mit einigen Kehren an der Abzweigung zur Melkerscharte vorbei ins Roßkar und steuert meist relativ problemlos die **Mörchenscharte (9)**, 2872 m, an, und zwar die nördliche der beiden Kerben.

Zillertaler Alpen

Auf der Ostseite präsentiert sich das Gelände grimmiger und steiler. Wir meiden den mittigen Hang und nutzen die Sicherungen an der linksseitigen Felsbegrenzung, wobei man auf Steinschlag gefasst sein sollte – insbesondere wenn andere Wanderer unterwegs sind. Je nach Bedingungen über Erde und Blockschutt oder auch über Schneefelder geht es fortwährend tiefer. Im langen Kehrenreigen stellt sich zunehmend begrünter Untergrund ein. Weiter unten befinden wir uns auf dem Geländesporn neben der Mörchenklamm, verlassen diesen an Draht-

Beim Furtschgalhaus lässt die Szenerie schon Großartiges erwarten.

seilen und treffen auf eine Leiter, die uns über die untere Stufe verhilft. Die Schwierigkeiten sind aber noch nicht unbedingt ganz ausgestanden, denn manchmal zeigt auch das vermurte Gelände in der Talsohle einschließlich Kreuzung der Gletscherbäche einige Tücken, speziell bei hohem Wasserstand. Im **Floitengrund (10)**, ca. 1820 m, stoßen wir gegenüber auf den Greizer Hüttenweg.

Für uns soll es jetzt allerdings talauswärts gehen – eine beachtliche Strecke, die durch die Erhabenheit des Hochtals aufgewogen wird. Man passiert die Materialseilbahn, bekommt dort einen befestigten Fahrweg unter die Sohlen und marschiert weiter via Böckachalm zur bewirtschafteten **Steinbockhütte (11)**, 1382 m. Geschmackssache, ob man hier einkehrt oder gute zwei Kilometer weiter vorn in der **Tristenbachalm (12)**, 1177 m – oder vielleicht erst ganz am Ende in **Ginzling (13)**, 985 m, wohin das zuletzt öffentliche Sträßchen ausläuft.

Im Steilhang unterhalb der Mörchenscharte.

Rofangebirge

25 Überschreitungen im Rofan

Zwei Gipfelschleifen von der Erfurter Hütte

Pfiffige Steige von Berg zu Berg – ein Fest für Gipfelsammler
Mit einem charismatischen Relief flankiert das kompakte Rofangebirge den Achensee und zählt – nicht zuletzt dank der Seilbahn von Maurach – zu den beliebtesten Wandergebieten weit und breit. Zumindest im zentralen Bereich besteht ein engmaschiges Wegenetz, das auch die meisten Gipfelhöhen überspannt. Insofern kommen hier Gipfelsammler so richtig auf ihre Kosten. Wir wollen die attraktivsten Abschnitte kombinieren und holen dafür zu zwei getrennten Schleifen aus, auf denen sich sieben (oder gar mehr) solcher Trophäen einheimsen lassen. Am ersten Tag ist mit der Hochiss schon der höchste Punkt im Rofan dabei, nachdem zuvor der spannende Dalfazer Kamm überschritten wird. Die zweite Runde gestaltet sich etwas ausschweifender, steigt zunächst zur Rofanspitze an, folgt dann einem wunderbaren Höhenweg via Sagwand und Vorderes Sonnwendjoch und nimmt später noch die etwas isoliert stehende Haidachstellwand mit. Logisch, dass »Aussicht« ganz groß geschrieben wird. Die Blicke schweifen aber nicht nur ins Karwendel, zu den Zillertaler Fernern oder hinaus ins Bayerische, sondern zuweilen auch in schwindelnde Tiefen. Die Hauptkette des Rofan bricht nordseitig nämlich rund 400 Meter lotrecht ab.

Die Erfurter Hütte mit dem Dalfazer Kamm als Kulisse.

Der höchste Rofangipfel heißt Hochiss.

KURZINFO

Ausgangspunkt: Maurach am Achensee, 970 m, Talstation der Rofanbahn. Buslinie vom Bahnhof Jenbach. Mit der Seilbahn bis zur Bergstation neben der Erfurter Hütte, 1831 m. Betriebszeiten in der Hauptsaison und am Wochenende von 8 bis 17.30 Uhr, sonst 8.30 bis 17 Uhr.
Endpunkt: Wie Ausgangspunkt.
Etappendaten:
▶ **1. Tag:** 700 Hm↑↓, 3.45 Std.
▶ **2. Tag:** 1050 Hm↑↓, 6 Std.
▶ **Gesamt:** 1750 Hm↑↓, 9.45 Std.

Anforderungen: Meist normale Bergwege, zwischendurch aber auch einige anspruchsvollere felsige Passagen, die dann meist gesichert sind. Dies ist am 1. Tag speziell am Rotspitz, hinter dem Dalfazer Roßkopf sowie am »Klamml« vor der Hochiss der Fall (maximal T3–4), am 2. Tag am Sagzahn sowie beim Abstieg von der Haidachstellwand (bis T4). Hier sollte man trittsicher und schwindelfrei sein. Die erste Runde ist konditionell moderat, die zweite tagfüllend.
Maximale Höhe: Hochiss, 2299 m.
Einkehr/Übernachtung:
1. und 2. Tag: Erfurter Hütte, 1831 m, DAV, Mitte Mai bis Mitte/Ende Oktober, Tel. +43 5243 5517 oder +43 664 5146833. Weitere Jausenstationen im Seilbahnumfeld.
Varianten:
1. Die erste Runde fällt etwas leichter (aber dafür länger) aus, wenn man dem Dalfazer Kamm im Bogen über die Dalfazalm, 1697 m, ausweicht und durch die Hangmulde via Kotalmsattel zum Streichkopfgatterl aufsteigt.
2. Wer den 1. Tag noch etwas mehr füllen möchte, kann das Spieljoch, 2236 m, und/oder den Gschöllkopf, 2039 m, einbeziehen.
3. Bei Umgehung von Sagzahn (Klettersteig) und Haidachstellwand bleibt die zweite Runde bei T3 und damit im Bereich »rot«.
Karten: AV-Karte 1:25.000, Blatt 6 »Rofan«. Freytag & Berndt 1:50.000, Blatt 321 »Achensee – Rofan – Unterinntal«.

Beim Aufstieg zum Rotspitz begeistern Achensee und Karwendel.

1. Tag: Von der Seilbahnstation bzw. der **Erfurter Hütte (1)**, 1831 m, folgen wir anfangs dem Weg Nr. 413 Richtung Dalfazalm, verlassen diesen aber bald und steigen in die Mulde namens »Vorder Gschöll« ab. Dann gegen die Rotspitz-Ostwand hinan und durch eine felsige Rinne mit Seilhilfe auf einen Absatz. Nach einer Schrofentraverse mit kurzer Kraxelstelle nimmt man einen Zugang von der Dalfazalm auf, kommt durch Latschen auf einen weiteren Absatz und bewältigt die letzte Passage durch eine kleine Scharte zum Gipfel des **Rotspitz (2)**, 2067 m.

Zurück beim Abzweig queren wir ein Stück unterhalb des Gratkammes durch Krummholz und peilen über einen Wiesenhang den **Dalfazer Roßkopf (3)**, 2143 m, an. Rückseitig verbirgt er einen schrofigen Riegel: die Schlüsselstelle des Tages. Gut gesichert geht es etwa 20 Meter über den Abschwung hinunter zum Beginn des nächsten Grashanges. Im Gegenanstieg weichen wir P. 2208 nach links in die Flanke aus und passieren die bizarren »Steinrigen Mannln« – Felstürme mit auffallend brüchigem Gestein. Anschließend nähert man sich wieder der Kammlinie, wandert knapp am Dalfazer Joch vorbei und stößt schließlich beim **Streichkopfgatterl (4)** auf die Route, die von der Dalfazalm durchs Hochtal heraufkommt. Eine Traverse am Streichkopf führt zum »Klamml«, wo in einer Rinne nochmals Drahtseile helfen. Die Traverse setzt sich durch Schrofen fort, ehe gemeinsam mit der viel begangenen Route von der Rofanseilbahn her die letzten Meter zur **Hochiss (5)**, 2299 m, absolviert werden.

Die Normalroute vermittelt nun den Rückweg. Man wendet sich bei der Gabelung markant nach links und steigt über Schrofen und Gras in den

Geländeeinschnitt zwischen Hochiss und Spieljoch hinunter. Auf der Seite des letzteren am Gipfelhinweis vorbei und weiter in die Mulde bei P. 1945, dann über die nächste Karstufe hinweg an den Fuß des Gschöllkopfes – wo heutzutage der »Airrofan Skyglider« eine Attraktion im Stile einer Zirkusnummer verspricht, beim Naturmenschen allerdings eher befremdliche Gefühle auslöst – und mit minimaler Gegensteigung zurück zur **Erfurter Hütte (1)**.

2. Tag: Mit dem Hauptweg geht es kurz abwärts, diesmal bei der Mauritzalm rechts haltend. Man durchquert eine erste Mulde und folgt der Grubastieg über die nächste Geländeschwelle in eine weitere, ausgedehnte Hochmulde (»Gruba« genannt), die vom markanten Roßkopf überragt wird. Während zwei Wege zum Krahnsattel abzweigen, steuern wir die **Grubascharte (6)**, 2102 m, an und nähern uns dahin-

Der Zireiner See vom Schafsteigsattel aus gesehen.

Stilles Gipfelglück ...

ter schon der Gipfelflanke der **Rofanspitze (7)**, 2259 m. Zunächst diagonal, dann ziemlich steil hinauf zum Gipfel, der von einigen Felsen gebildet wird.

Die Pfadspuren an der Rofanspitze sind zahlreich – am schönsten gehen wir im Bogen am Kamm entlang, passieren den Schafsteigsattel (Abzweig zum Zireiner See) und orientieren uns gen Süden. Über einen Grasbuckel hinweg zum Felssockel des **Sagzahn (8)**, 2228 m, wo rechtsseitig ein 30-Meter-Klettersteig (Grad B, mäßig schwierig) überwunden wird, und zwar über Bänder und einen körperbreiten Riss. Vom Ausstieg sind es nur ein paar Schritte bis zum Gipfelkreuz, das im Übrigen auch leichter, aber umständlicher erreicht werden kann, wenn man zuvor tiefer traversiert. Der anschließende Übergang zum **Vorderen Sonnwendjoch (9)**, 2224 m, ist indes unkompliziert: Die Wegspur leitet rechts vom Kammrücken durchs Gras und beinhaltet zwischendurch nur ein paar steinige Meter.

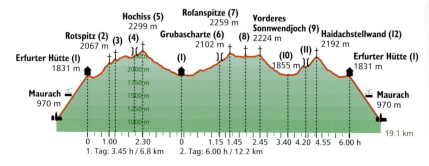

Oben: Gesicherte Passage zwischen Streichkopfgatterl und Hochiss.
Unten: Auf der Rofanspitze gewinnen wir Einblick in die lotrechten Nordwände.

Beim Abstieg von der Haidachstellwand.

Von der großen Gipfelwiese steigen wir südwestwärts über eine Schrofenstufe ab und halten uns bei der Gabelung rechts. An einer Grasflanke werden Schleifen vollzogen, später um den Hang herum nordwärts eindrehend und Richtung **Schermsteinalm (10)**, 1855 m, die sich fotogen unter eine Felswand duckt. Bei den Hütten achten wir auf den Linksabzweig und gewinnen nach einer Hangquerung bis zum **Krahnsattel (11)**, 2002 m, kräftig an Höhe – zum eigentlichen Sattel sogar wieder ein paar Meter bergab. Via Grubastieg bestünde die Möglichkeit zum Rundenschluss, doch werden Unermüdliche gern noch scharf links zur **Haidachstellwand (12)**, 2192 m, abzweigen, um über die Hangabsätze unterhalb des Nordgrates und eine harmlose Abdachung den vierten Gipfel des Tages zu erreichen.

Der Abstieg erfordert allerdings nochmals Konzentration, wenn wir auf der Südwestseite mit einem Felsriegel konfrontiert werden (Drahtseile und Bügel). Anschließend begehen wir einen Grassteig, der sich bergab windet und später ins Areal der Mauritzalm hineinquert. Zuletzt zwischen Latschenfeldern wieder etwas aufwärts und in den Hauptweg einmündend zurück zur **Erfurter Hütte (1)** bzw. zur Rofanseilbahn.

Im Schutze einer Felswand liegt hingeduckt die Schermsteinalm.

Brandenberger Alpen

Pendling, Hundsalmjoch und Heuberg

26

Von Kufstein nach Breitenbach am Inn

Balkone des Unterinntals
Die Brandenberger Alpen gehören nicht zu jenen Gebieten Tirols, die Wanderer in Scharen anlocken. Die Gipfelhöhen sind bescheiden, die Gipfelnamen bis auf ein paar Ausnahmen eher wenig geläufig. Vom Charakter her ist man hier des Öfteren an die Voralpen jenseits der bayerischen Grenze erinnert, an die Münchner Hausberge sozusagen. Doch absolute Höhe und Popularität waren noch nie Attribute, die man allein ins Kalkül ziehen sollte. Direkt über dem Unterinntal kann man hier in herrlichsten Ausblicken schwelgen und genießt zudem den Vorteil einer relativ langen Saison, weil sich der Schnee nicht so lange hält wie vielerorts im Tiroler Hochgebirge. Der Pendling immerhin steht als Kufsteiner Wahrzeichen ja schon seit jeher in legendärem Ruf. Mit diesem Eckpfeiler beginnen wir die dreitägige Durchquerung von Kufstein bis nach Breitenbach, die uns im weiteren Verlauf noch Köglhörndl und Hundsalmjoch, einen möglichen Abstecher zum Zunterköpfl sowie das Duo Plessenberg/Heuberg beschert: Inntaler Logenplätze par excellence! Dazwischen immer wieder Almidyllen und Waldeinsamkeit – die Gegend entbehrt keinesfalls eines gewissen Charmes. Im Übrigen sollten wir auch nicht zur Unterschätzung neigen, denn selbst kleinere Berge besitzen zuweilen eine wilde Note und sind nicht unbedingt völlig harmlose Mugel ...

Großartig nimmt sich der Tiefblick vom Pendling ins Unterinntal bei Kufstein aus. Dahinter erhebt sich das Kaisergebirge.

Das beliebte Pendlinghaus, früher auch als Kufsteiner Haus geläufig.

KURZINFO

Ausgangspunkt: Bahnhof Kufstein, ca. 490 m. Regionale und internationale Verbindungen, etwa von Innsbruck und München.

Endpunkt: Breitenbach am Inn, 510 m. Busverbindung zum Bahnhof Kundl mit Anschluss zur Bahnlinie Innsbruck – Kufstein.

Etappendaten:
▶ **1. Tag:** 1080 Hm↑, 30 Hm↓, 3.50 Std.
▶ **2. Tag:** 740 Hm↑, 930 Hm↓, 4.50 Std.
▶ **3. Tag:** 980 Hm↑, 1820 Hm↓, 7.20 Std.
▶ **Gesamt:** 2800 Hm↑, 2780 Hm↓ 16 Std.

Anforderungen: Wechsel von kleineren Steigen und breiten Alm- und Forstwirtschaftswegen, also abschnittsweise zwar leicht, zwischendurch aber auch mit etwas anspruchsvolleren Passagen, vor allem vom Aschajöchl hinauf zum Plessenberg, wo abschüssiges Latschen- und Schrofengelände vorherrscht (bis T3+, vereinzelte Drahtseile). Sonst kann es mitunter noch Probleme auf holprig verwachsenen oder erdigen Steigen ge-

Zwischenstation am 2. Tag: das Höhlensteinhaus als Almwirtschaft.

Am Hundsalmjoch zeigen sich respektable Felsabbrüche.

Herbststimmung beim Aufstieg zum Nachberg-Hochleger.

ben, speziell bei Nässe. Zumindest grundlegende Trittsicherheit sollte nicht fehlen, für die letzte Etappe auch gute Kondition.
Maximale Höhe: Heuberg, 1746 m.
Einkehr/Übernachtung:
1. Tag: Pendlinghaus (Kufsteiner Haus), 1537 m, privat, Ende April bis Anfang November, Tel. +43 664 2140710.
2. Tag: Höhlensteinhaus, 1233 m (ohne Übernachtungsmöglichkeit). Almgasthaus Buchacker, 1350 m, privat, Mitte Mai bis Ende Oktober (von So. auf Mo. keine Übernachtung), Tel. +43 664 5384234.
Varianten:
1. Zwischen Höhlensteinhaus und Buchackeralm leichter via Köglalm und Hundsalm, ggf. mit Abstecher zur Eishöhle.
2. Vorzeitiger Abstieg vom Aschajöchl talwärts möglich.
Karten: Freytag & Berndt 1:50.000, Blätter 301 »Kufstein – Kaisergebirge – Kitzbühel« und 321 »Achensee – Rofan – Unterinntal«.

1. Tag: Vom Bahnhof **Kufstein (1)** geradewegs nach Westen durch den Stadtteil Zell, hinter einer Kirche auf Wiesenpfad hinüber zur Langkampfner Straße. Bei der Autobahnunterführung biegen wir rechts ab in die Siedlung Maistall. Kurz dahinter beginnt der Originalweg zum Pendling, der zuletzt wegen Windbruch eine Umleitung via Stimmer See erhielt. In diesem Fall über eine Forststraße zur Vereinigung der Routen und durch einen Geländeeinschnitt zum **Dreibrunnenjoch (2)**, 732 m. Hier links auf den Pendlingsteig, der fortwährend schräg bergauf zieht und die Forststraße damit abkürzt. Bei **Kaltwasser (3)**, ca. 1150 m, erfolgt ein Linksknick. Nun mit einigen Kehren hinauf zum Kamm südwestlich des Gipfels, der anschließend rasch umgangen werden kann. Viel interessanter wandert man natürlich über den **Pendling (4)**, 1563 m, hinweg zum Kufsteiner Haus, das mittlerweile fast nur noch **Pendlinghaus (5)**, 1537 m, genannt wird und einen

herrlichen Blick Richtung Kaisergebirge und Kitzbüheler Alpen vermittelt.

2. Tag: Wahlweise beginnt die Etappe wieder über den Gipfel oder auf dem Forstweg, der im weiteren Verlauf dann allmählich abwärts Richtung Kala-Alm verfolgt wird. Kurz vor der Jausenstation links (6) und zu einem feuchten Wiesenboden am Fuß einer Felsfluh. Im Wald wird der Steig unangenehm erdig, doch diese Abwärtspassage ist relativ kurz. Man quert im Auf und Ab am Heimberg entlang, stößt wieder auf eine breitere Trasse und gelangt via **Jochalm (7)** zur großen Lichtung beim **Höhlensteinhaus (8)**, 1233 m, wo eingekehrt werden kann (die bei f&b angegebene Höhe von 1259 m dürfte unzutreffend sein).

Nun nicht auf die Forststraße, sondern über die Almwiese auf einen etwas versteckten Steig, der sich am bewaldeten Steilhang in Kehren höher schraubt. Er holt etwas nach rechts aus und orientiert sich anschließend am Nordostkamm des **Köglhörndl (9)**, 1645 m, das schließlich ein wenig verschlungen über eine vorgelagerte Erhebung und durch Krummholz gewonnen wird. In ähnlicher Manier weiter an einigen Abbrüchen vorbei, nordseitig hingegen stets vom Latschendickicht begrenzt. Phasenweise begleitet uns ein niedriges Mäuerchen. Kurz vor der tiefsten Einsattelung bildet eine abschüssige Drahtseilpassage die schwierigste Stelle des Tages. Danach steil hinauf zum **Hundsalmjoch**, 1637 m, und am höchsten Punkt vorbei zum Kreuz

etwas weiter östlich (10). Von dort existieren zwei Wege hinunter ins Almgelände, wobei der linke reizvoller erscheint. Zuletzt auf einem Fahrweg noch ein Stück abwärts bis zur **Buchackeralm (11)**, 1350 m, unserem Etappenziel.

3. Tag: Vom Almgasthaus auf dem Fahrweg bergab, bei der Gabelung jedoch nicht talwärts, sondern rechts zu einem großen Almgrund. Westwärts tauchen wir ins **Hasatal** ein, folgen aber schon bei der Schranke scharf links dem Hinweis »Nachberg/Zunterköpfl« **(12)**. Auch diese Forststraße wird nach rund 10 Minuten verlassen, und zwar rechts auf einen kleinen Waldpfad ins Schusterloch. Man begleitet zunächst einen Bachlauf, entfernt sich

Kunstvoller Schmuck am Plessenberg-Gipfelkreuz.

dann nach rechts aufwärts, um durch Waldschneisen den reizvoll gelegenen **Nachberg-Hochleger (13)**, ca. 1460 m, anzusteuern. Hier lohnt rechter Hand ein Abstecher aufs **Zunterköpfl (14)**, 1635 m. Die Schleifen des Karrenweges lassen sich abkürzen – zum Schluss ohnehin auf kleinem Pfad zum aussichtsreichen Gipfel.

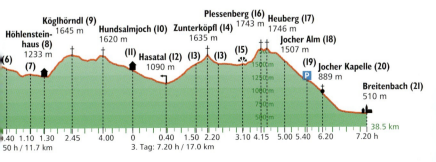

Zurück beim Nachberg-Hochleger schlagen wir die Verbindung zum Aschajöchl ein. Bis in den Sattel sind wir dabei auf bequemen, breiten Wegen unterwegs, insgesamt leicht abwärts. Knapp oberhalb empfängt uns auf einer kleinen Kuppe das **Aschakreuz (15)**, 1458 m – ebenfalls ein feiner Rastplatz. Unser Pfad setzt sich am Wiesen-Latschen-Rücken fort und führt damit in die Steilflanke des Plessenbergs hinein. Latschengassen und auch einige Schrofen bestimmen diesen wohl anspruchsvollsten Teil der gesamten Tour, wobei die zwei steilsten Stellen gesichert sind. Nach oben hin legt sich das Gelände zurück, und ein harmloser Latschenpfad führt bis zum Gipfelkreuz auf dem **Plessenberg (16)**, 1743 m. Merkwürdigerweise trägt der drei Meter höhere **Heuberg (17)**, 1746 m, keines, aber immerhin eine Rastbank. Über die Wegspur am Kamm entlang (kurzzeitig nochmal steil, nicht vorher rechts ausbiegen) sind wir binnen einer Viertelstunde drüben.

Am Heuberg geht es südwestseitig über den freien, stumpfen Bergrücken abwärts. Ein schöner Weg leitet zur **Jocher Alm (18)**, 1507 m, wo in der Nähe der unteren Almhütte die Fortsetzung nach Breitenbach abzweigt. Immer durch Wald bergab zum Parkplatz am **Joch (19)**, ca. 1144 m, der sich von Brandenberg aus anfahren lässt. An einer großen Weide vorbei und zwischendurch den Mühlbach kreuzend steigen wir indes weiter über die mitten im Wald versteckte **Jocher Kapelle (20)**, 889 m, ab und erreichen zunächst den Breitenbacher Ortsteil Ramsau. Durch das Oberdorf schließlich bis ins Zentrum von **Breitenbach (21)**, 510 m.

Talwärts nach Breitenbach am Inn.

Oben: Plessenberg und Kienberg bilden ein zusammenhängendes Massiv voller Schrofen und Latschen. Im Vordergrund der Nachberg-Hochleger.
Unten: Am Heuberg genießen wir ein großes Panorama des Tiroler Unterlandes.

Kaisergebirge

27 Wilder-Kaiser-Steig

Von Kufstein via Gruttenhütte nach St. Johann

Eine vollstandige Traverse der Kaiser-Sonnseite
Laut »Kaiserpapst« Franz Nieberl lässt sich kein Gipfel im Wilden Kaiser gänzlich mit den Händen in den Hosentaschen besteigen. Und trotzdem fühlen sich in der Hochburg der Kletterer auch die Bergwanderer durchaus zu Hause. Mit Vorliebe bewegen sie sich auf halber Höhe zwischen Tal und Gipfeln, wobei ihnen das verlockendste Angebot zweifellos mit dem sonnenverwöhnten Wilden-Kaiser-Steig gemacht ist. Binnen zwei Tagen läuft man auf ihm die gesamte Südfront der kaiserlichen Zackenkrone ab und genießt dabei unentwegt die Schau zu weiten Horizonten. Offiziell wurde der Wilde-Kaiser-Steig als durchgängige Route zwischen Kufstein und St. Johann erst 1990 aus der Taufe gehoben, freilich auf der Trasse bereits bestehender Wege. Hier und da etwas ausgebaut oder nachgebessert, das Ganze schließlich mit der eher ungewöhnlichen schwarz-gelben Markierung sowie einem einprägsamen Namen versehen – und schon hatten die Fremdenverkehrsgemeinden im Söllandl eine neue Attraktion.

Von Kufstein Richtung Walleralm nimmt sich die Route zunächst noch unspektakulär aus und vermittelt eher Einblick in talnahe Kulturlandschaften, sofern wir nicht ohnehin in dichten Wäldern verschwinden. Erst ganz allmählich spielt der Wilde Kaiser selbst seine Trümpfe aus, doch spätestens am

Die urigen Jausenstationen auf der Walleralm – hier die Stöfflhütte – ziehen zahlreiche Genusswanderer an.

Die Gruttenhütte ist das ideale Quartier im Verlauf der zweitägigen Tour.

Ende des ersten Tages werden wir auf der »Grutten« mit der Ellmauer Halt im Rücken wie von einem Balkon aus schwelgerisch die Landschaft beäugen – über die sanften Schieferkämme der Kitzbüheler Alpen hinweg bis zur firnglänzenden Skyline der Hohen Tauern am südlichen Horizont. Der Auftakt zur zweiten Etappe ist dann sofort fulminant, wenn es auf kühner Weganlage quer durchs zerklüftete »Wilde Gschloß« geht. Später recken die Gipfel im Ostkaiser ihre Felsspitzen direkt über uns in den Himmel und lassen uns immer wieder staunen, ehe die Tour ein vermeintlich sanftes Finale nimmt. Doch so wie erwartet, kommt es nicht: Nach einigen Almgründen bewegen wir uns am Niederkaiser nochmals auf kleinen, verschlungenen Pfaden, die solide Trittsicherheit verlangen, und genießen in relativer Einsamkeit vielleicht ungewohnte Perspektiven aus der Umgebung des Wilden Kaisers.

Am Beginn wird der Verlauf im Telegrammstil angegeben.

Wie eine Perle schmiegt sich der Hintersteiner See an die Kaiser-Südseite.

KURZINFO

Ausgangspunkt: Bahnhof Kufstein, ca. 490 m. Internationaler und regionaler Bahnverkehr.

Endpunkt: Bahnhof St. Johann in Tirol, 659 m. Die Bahn verkehrt zwischen beiden Orten etwas umständlich, vorteilhafter ist die Busverbindung.

Etappendaten:
▶ **1. Tag:** 1650 Hm↑, 520 Hm↓, 8 Std.
▶ **2. Tag:** 640 Hm↑, 1600 Hm↓, 7 Std.
▶ **Gesamt:** 2290 Hm↑, 2120 Hm↓ 15 Std.

Anforderungen: Auf der 1. Etappe immer wieder holprige Wurzelpfade im lichten Wald mit einigen Almgebieten dazwischen, bei Anforderungen um T2–3 elementare Trittsicherheit vorteilhaft, aber keine schwierigeren Stellen. Der 2. Abschnitt verlangt dahingehend etwas mehr (mitunter bis T3+), vor allem am Jubiläumssteig sowie phasenweise am Niederkaiser kommt auch Felsgelände mit Sicherungen vor (Schwindelfreiheit). Sonst ebenfalls eine Mischung aus Geröll, Latschenterrain und Almwiesen. Als 2-Tage-Tour konditionell ziemlich fordernd. Durchgängig einheitliche Bezeichnung der Route.

Maximale Höhe: Etwa 1720 m zwischen Hochfeld und Hochgrubachkar.

Einkehr/Übernachtung:
1. Tag: Jausenstation Stöfflhütte und

Wie aus dem Bilderbuch: Kaiserhochalm gegen Maukspitze.

Walleralm, 1171 m (Übernachtungsmöglichkeit, Tel. +43 664 9858139). Steiner Hochalm, 1257 m. Gruttenhütte, 1620 m, DAV, Pfingsten bis Mitte Oktober, Tel. +43 5358 43389.
2. Tag: Keine am Weg, erst am Zielort.
Varianten:
1. Wer das Programm etwas entzerren möchte, kann sich am 1. Tag in der Walleralm einquartieren und am 2. Tag ggf. bis zur Gaudeamushütte (knapp unterhalb des Höhenweges) wandern.
2. Möchte man sich auf den Kernbereich konzentrieren, kann ein Zustieg von Scheffau zur Steiner Hochalm erwogen werden und später ein früherer Ausstieg über die Granderalm Richtung St. Johann.

Karten: AV-Karte 1:25.000, Blatt 8 »Kaisergebirge« (äußerster Ostteil fehlt). Freytag & Berndt 1:50.000, Blatt 301 »Kufstein – Kaisergebirge – Kitzbühel«.

1. Tag: Vom Bahnhof **Kufstein (1)** über den Inn zum Oberen Stadtplatz und durch die Kinkstraße unter der Festung entlang. Man sucht sich dann etwas verwinkelt eine günstige Linie durchs Wohngebiet, um nach der Hochwachtstraße am Waldrand den eigentlichen Wanderweg aufzunehmen. Hier finden wir den Hinweis auf die **Locherer Kapelle (2)**, 590 m, die nach einem ebenen Stück mit der ersten Steigung erreicht wird. Weiter zum Haberghof und auf der Höfestraße nach Köllenberg im Streuweiler Eiberg. Danach taucht man in den tiefen Graben des Geißbachs ab und steigt gegenüber nach **Reher** respektive **Rechau (3)**, 775 m, wieder heraus. Ein steiler Waldsteig bringt uns nun binnen einer guten Stunde

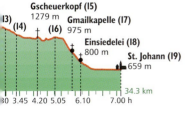

Fernblicke über die Gipfelflur der Kitzbüheler Alpen gehören stets dazu.

auf die ausgedehnten Wiesen der Walleralm hinauf. Mit der Stöfflhütte und dem Alpengasthof **Walleralm (4)**, 1171 m, finden wir in dieser Idylle auch willkommene Einkehrmöglichkeiten.

Der anschließende Verbindungsweg zur **Steiner Hochalm (5)**, 1257 m, zieht kilometerweit recht wurzlig quer durch den bewaldeten Hang – immer wieder auch mit schönen Durchblicken, etwa auf den Hintersteiner See. Nach kurzem Abstieg in die Krumpenbachlahner ist die malerische **Kaiser Hochalm (6)**, 1417 m, am Fuß der Hackenköpfe, unser nächstes Ziel. Wer hier rasten möchte, benötigt seine eigene Jause. Unsere Route quert im Auf und Ab über Stock und Stein unterhalb des vorspringenden Sonnensteins entlang, passiert den Abzweig am **Häferl (7)**, 1391 m, und dreht nach Süden ein. In großem Bogen muss nun das Treffauer-Massiv umwandert werden, allmählich wieder ansteigend, ab und zu über Schotterfelder, sonst meist durch lichten Wald oder Latschen. Später treffen wir auf den breiten Hüttenweg aus dem Tal **(8)** und wandern die verbleibenden 200 Höhenmeter bis zur **Gruttenhütte (9)**, 1620 m, hinauf.

2. Tag: Bereits nach wenigen Minuten treten wir auf dem Jubiläumssteig ins »Wilde Gschloß« ein und durchqueren hier auf teils gesicherten Bändern eine von Gräben zerfurchte Felslandschaft mit mehreren Nischen. Eine Leiter ist auch dabei. Nach diesem spannenden Wegstück beachten wir im **Kübelkar (10)**, 1652 m, den Abzweig bergab und wechseln dann auf die andere Seite. Der Wilde-Kaiser-Steig traversiert Schutthalden und Latschenfelder, kurzfristig nochmals mit Drahtseil. Während wir das Freiberghaus (Jagdhütte) ansteuern, bleibt die Gaudeamushütte des Alpenvereins tiefer. Nächster Punkt ist die Kreuzung, 1583 m, oberhalb des Baumgartenköpfls (eventuell Abstecher zum Vorsprung). Wenig höher erreichen wir die ulkige Wildererkanzel (11), 1642 m, und ein paar Minuten später die Gabelung am Hochfeld, 1682 m, wo der Gildensteig bergwärts ausschert. Für uns geht es hingegen nach rechts auf die nächste Hangtraverse mit einigen abschüssigen Schrofen (Drahtseil), ehe die Spur leichter ins Westliche Hochgrubachkar hineinleitet, den Abzweig zur Ackerlhütte passiert und den Standort der Alten Ackerlhütte (12), 1696 m, ansteuert. Dort stehen nur noch Fundamente.

Nun sollten wir uns nicht über die Granderalm Richtung St. Johann leiten lassen. Der offizielle Wilde-Kaiser-Steig führt ein Stück weit zum Wandsockel hin, durchquert das schuttgefüllte Östliche Hochgrubachkar und im Bereich des unscheinbaren Gamskögerls wellige Latschenfelder. Wir ignorieren den Abzweig zur Maukalm und gelangen zur Kaiserhochalm (13), 1434 m, die mit der Maukspitze im Hintergrund ein sehr malerisches Antlitz offenbart. Bei der etwas tiefer gelegenen Kaiserniederalm (14), 1322 m, stoßen wir vorübergehend auf einen breiten Wirt-

Mit seiner Farbenpracht ist der Herbst die schönste Jahreszeit für den Wilden-Kaiser-Steig. Gar nicht leicht, am Treffauer nur vorbeizugehen …

Im Bereich der Hochgrubachkare wirkt die Felsszenerie besonders nah und imposant.

schaftsweg, welcher allerdings Richtung Niederkaiser schon wieder nach rechts verlassen wird. Am pfiffigen Kammpfad ist der **Gscheuerkopf (15)**, 1279 m, unser erstes Ziel. Kurz davor gilt es bereits, zwei steile gesicherte Passagen zu meistern. Die Route windet sich weiter kammnah durch licht bewaldetes Terrain, wobei die einzelnen Auf- und Abstiege zwar kurz, aber mitunter durchaus knackig ausfallen. Nach Abzweig des exponierten Maiklsteiges passieren wir den Aussichtspunkt am »Ursulasattel« und finden hier – wie auch beim recht langwierigen Weiterweg über den **Schatterberg (16)**, 1274 m – die eine oder andere Bank. Erst nach einer ganzen Weile setzt doch ein kräftiges, nachhaltiges Bergab ein. Gelegentliche Drahtseile sind durchaus kein überflüssiger Luxus, wie überhaupt am gesamten Niederkaiser Vorsicht am Platze ist. Bei tückischer Laubbedeckung des Pfades kann es auch im trockenen Zustand rutschig sein! Unsere Route zieht an

einer Felsbarriere entlang und bleibt bis zur Gmailkapelle (17), ca. 975 m, ziemlich steil. Danach mäßigt sie sich tendenziell, passiert noch das Gmailköpfl (mit Kreuz) sowie die Einsiedelei (18), ca. 800 m, und führt als Kreuzweg hinunter in die Talwiesen. Anhand der Beschilderung laufen wir nach St. Johann hinein und durchqueren den ausgedehnten Ort gen Süden Richtung Bahnhof (19).

Im Schlussabschnitt über den Niederkaiser tritt St. Johann ins Blickfeld.

Kaisergebirge

28 Steinerne Rinne und Griesenerkar

Mit Hinterer Goinger Halt und Regalpwand

Zwei knackige Übergänge im Wilden Kaiser
Nachdem wir im vorherigen Kapitel die gesamte Südfront des Wilden Kaisers abgeschritten sind, wollen wir jetzt mitten in die dramatischen Felsszenerien eintauchen. Als nachgerade klassische Route im Herzen dieser charismatischen Gruppe gilt die Steinerne Rinne, eine wie von Titanenhand gehauene Kerbe zwischen den glatten Wänden von Fleischbank und Predigtstuhl, die sich zu einem überdimensionalen Felsen-U über unseren Köpfen aufschwingen. Die Steinerne Rinne leitet nordseitig aus dem Kaiserbachtal hinauf zum Ellmauer Tor, wo sich plötzlich der Blick bis zu den Hohen Tauern auftut. Gern wird hier die Hintere Goinger Halt mitgenommen, zumal sich bei diesem Gipfelziel auch der normale Wanderer kaum vor unüberwindliche Hürden gestellt sieht. Von der »Gaudi«, wie die Gaudeamushütte bei Insidern heißt, geht es tags darauf über das Kleine Törl zurück. Nebenbei fordert die Regalpwand zu einer beherzten Kraxeleinlage heraus und vermittelt uns zumindest ein Hauch von jenem Feeling, das die Klettergilde seit jeher in den Wilden Kaiser lockt. Mit dem Wechsel ins Griesenerkar umklammert uns abermals ein eindrücklicher Felsenkessel, talwärts durch zwei Schlünde – Großes und Kleines Griesener Tor genannt – geöffnet.

Rechts: Zu den schönsten Plätzen im Wilden Kaiser zählt das Ellmauer Tor. Imposant die mauerglatte Fleischbank-Ostwand.
Unten: Aus der Vogelperspektive nimmt sich die Steinerne Rinne fast noch einschüchternder aus. Rechts ist der Pfad auf die Goinger Halt zu erkennen.

Ein wenig Händeunterstützung ist an der Hinteren Goinger Halt nötig.

Alpendohlen sind um die Kaiser-Gipfel allgegenwärtig.

KURZINFO

Ausgangspunkt: Griesner Alm, 988 m. Anfahrt über Kössen oder St. Johann nach Griesenau, anschließend mautpflichtig ins Kaiserbachtal bis zum letzten Parkplatz.
Endpunkt: Wie Ausgangspunkt.
Etappendaten:
▶ **1. Tag:** 1230 Hm↑, 950 Hm↓, 5.30 Std.
▶ **2. Tag:** 1020 Hm↑, 1300 Hm↓, 6.15 Std.
▶ **Gesamt:** 2250 Hm↑↓, 11.45 Std.
Anforderungen: Alpine Steiganlagen, in der Steinernen Rinne sowie nordseitig am Kleinen Törl stellenweise gesichert, sonst reichlich Geröll, teilweise auch Gras und Schrofen. Die Gipfelabstecher sind optional: an der Hinteren Goinger Halt vereinzelte Kraxelstellen (maximal I), an der Regalpwand eine Spur anspruchsvoller mit Stellen I und II–. Die verschiedenen Tourelemente erreichen knapp T4 (nur die Regalpwand eher schon T5) und gelten damit als »schwarz«. Gute Trittsicherheit und Schwindelfreiheit unerlässlich. Konditionell im normalen Rahmen

bei vergleichsweise wenig Strecke.
Maximale Höhe: Regalpwand, 2227 m, bzw. Hintere Goinger Halt, 2192 m.
Einkehr/Übernachtung:
1. Tag: Gaudeamushütte, 1263 m, DAV, Mitte Mai bis Mitte Oktober, Tel. +43 5358 2262 oder +43 664 3449311.
2. Tag: Fritz-Pflaum-Hütte, 1866 m (unbewirtschaftet, zugänglich mit AV-Schlüssel). Alpengasthaus Griesner Alm, 988 m.
Variante: Abstieg von der Fritz-Pflaum-Hütte durch das Kleine Griesener Tor, etwas länger und ruppiger. Am Ende muss man noch ein Stück taleinwärts laufen.
Karten: AV-Karte 1:25.000, Blatt 8 »Kaisergebirge«. Freytag & Berndt 1:50.000, Blatt 301 »Kufstein – Kaisergebirge – Kitzbühel«.

Diese Felsnadel bewundern wir beim Abstecher auf die Regalpwand.

1. Tag: Von der Griesner Alm (1), 988 m, auf dem viel begangenen Stripsenjochweg über die Russenleiten bergauf, am Abzweig ins Griesenerkar vorbei und weiter Richtung Wildanger (2). Schon kurz vor dem offiziellen Wegweiser kann man links auf den Eggersteig abzweigen, der mit einer ausgesetzten Felstraverse beginnt. Sie leitet von rechts her in die eigentliche Steinerne Rinne. Dort im Zickzack höher, im unteren Teil noch häufig gesichert, mit abnehmender Neigung dann im geröllreichen Gehgelände. Am Scheitelpunkt erreichen wir das Ellmauer Tor (3), 1995 m. Zur Hinteren Goinger Halt (4), 2192 m, führt jetzt ein bezeichneter Steig über Fels, Schutt und Schrofen. Ab und zu ist etwas Händeunterstützung nötig, speziell am Anfang, bei der Kraxelpassage im mittleren Teil sowie in Gipfelnähe. Abgesehen von einigen Kehren zieht die Route insgesamt schräg nach links durch die Westflanke.
Zurück am Ellmauer Tor (3) steigen wir – weithin auf einem Geröllsteig – südwärts ins Kübelkar hinab. Man orientiert sich bald auf die Seite der Vorderen Karlspitze und trifft dort nach Passieren eines sekundären Kares kurzzeitig auf gesicherte Felsstellen. Nach Einmündung des Jubiläumssteiges (5), 1652 m, von der Gruttenhütte geht es links hinüber und bei der nächsten Gabelung weiter abwärts (während der Wilde-Kaiser-Steig zu einer Querung ansetzt). Serpentinen führen zu einem Geröllfeld, ehe man zuletzt durch Latschen und lichten Baumbewuchs bei der Gaudeamushütte (6), 1263 m, auf einer Wiesenlichtung einläuft.
2. Tag: Wir wenden uns bergwärts und halten uns im lichten Gehölz alsbald rechts Richtung Baumgartenalm und Freiberghaus. Nachdem

Der Gildensteig läuft in eine schroffe Felskulisse hinein – und findet schließlich einen Durchschlupf im Kleinen Törl.

Route Nr. 815 aufgenommen ist, erreichen wir am **Baumgartenköpfl (7)**, 1572 m – auch Brennender Palven geheißen – einen tollen Logenplatz. An einem Rücken zieht der Gildensteig (Nr. 815) nun über die **Wildererkanzel** höher, lässt am Hochfeld den Wilden-Kaiser-Steig nach rechts abziehen und gewinnt in Kehren weiter an Höhe. Indem wir uns den Felswänden nähern, wird der Untergrund zunehmend schrofig. Geschickt laviert der Steig um und über einige Rippen. Hinter einem Absatz taucht der bezeichnete Abzweig zur Regalpwand auf **(8)**, die von einigermaßen Klettergewandten mitgenommen werden kann. Man quert sofort einen Rinneneinschnitt und kommt in typischen Schrofen höher. Dann durch eine Felsrinne neben der Törlwand, nach abermaligem Schrofen-Intermezzo durch eine weitere Rinne und gegen den Gipfelaufbau hinan. Dort bildet eine kleine Stufe die Schlüs-

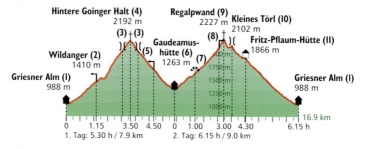

selstelle (II–), ehe die letzten Felsschrofen bis auf die **Regalpwand (9)**, 2227 m, überwunden werden. Zurück am Abzweig queren wir am Sockelfels der Törlwand entlang und steigen im Zickzack mit Händeunterstützung ins **Kleine Törl (10)**, 2102 m, auf. Jenseits erwarten uns sofort eine gesicherte Steilstufe, danach splittbedeckte bzw. teils ausgewaschene Felspartien, bevor wir ins Geröll kommen. Die Spur zieht auf den Kleinkaiser zu und wendet sich dann nach rechts ins Griesenerkar. Dort ohne nennenswerten Höhenverlust hinüber zur **Fritz-Pflaum-Hütte (11)**, 1866 m, die als Selbstversorgerunterkunft zwischen Kleinkaiser und Mitterkaiser liegt. Der beste Abstiegsweg führt jetzt durchs Große Griesener Tor. Über die Karschwelle hinweg auf einen längeren Zickzackkurs, der aus dem Geröll allmählich in bewaldetes Terrain eintaucht. Unter dem Vorbau

des Predigtstuhls geht es schräg links weiter, ehe man bei P. 1184 auf den Stripsenjochweg stößt und über die Russenleiten zur **Griesner Alm (1)** zurückkehrt.

Wuchtige Kulisse im Frühlicht: Treffauer, Kaiserkopf und Ellmauer Halt.

Kitzbüheler Alpen

29 Gipfel um die Neue Bamberger Hütte

Auf Schafsiedel, Kröndlhorn, Salzachgeier und Co. ★★

An der Grenze zum Oberpinzgau

Die ausgedehnte Gebirgsgruppe der Kitzbüheler Alpen, in weiten Bereichen für den Skisport erschlossen, teilen sich die Bundesländer Tirol und Salzburg. Ambitioniertere Bergsteiger machen sommers eher einen Bogen um die eher wenig spektakulären Gras- und Schrofenberge, doch der normale Wanderer findet dort ein weites Betätigungsfeld und in Bereichen, die noch nicht dem harten Tourismus geopfert worden sind, auch eine gediegene Ursprünglichkeit. In diesem Sinne möchte ich das Umfeld der Neuen Bamberger Hütte empfehlen, gelegen in einem sekundären Seitental des Brixentals. Wer sich dort für zwei Nächte einquartiert, kann einer Handvoll Wegebergen von rund 2400 Metern Höhe aufs Haupt steigen und zuoberst jeweils prächtige Fernblicke einfangen. Den stärksten Eindruck im Panorama hinterlässt wohl die Zentralalpenkulisse der Westlichen Hohen Tauern und der Zillertaler Alpen. Die Tour zum Schafsiedel (mit optionalem Abstecher zur benachbarten Aleitenspitze) präsentiert uns zudem die zauberhafte »Seentreppe« der Wildalmseen als besonderen Schmuck und darf damit wohl als attraktivste im Einzugsgebiet gelten. Kröndlhorn, Tristkopf (die sich gut zusammenfassen lassen) sowie Salzachgeier sind schon mehr nach Süden zum Oberpinzgau hin vorgeschoben. Es handelt sich fast durchwegs um beliebte Skiberge (denn die Neue Bamberger Hütte sperrt auch im Winter auf), allerdings mit eher maßvollem Andrang in der Wandersaison. Die einzelnen Gipfeltouren können natürlich auch in anderer Reihenfolge angegangen werden.

Das Markkirchl am Salzachjoch.

Unterwegs am Tristkopf, den wir uns am 2. Tag vornehmen.

KURZINFO

Ausgangspunkt: Alpengasthof Wegscheid, 1148 m, im Kurzen Grund. Mautpflichtige Zufahrt von Kelchsau (bis dorthin Bus von Hopfgarten im Brixental).
Endpunkt: Wie Ausgangspunkt.
Etappendaten:
▶ **1. Tag:** 1430 Hm↑, 820 Hm↓, 6.15 Std.
▶ **2. Tag:** 960 Hm↑↓, 5.30 Std.
▶ **3. Tag:** 830 Hm↑, 1440 Hm↓, 5.45 Std.
▶ **Gesamt:** 3220 Hm↑↓, 17.30 Std.
Anforderungen: Ordentlich markierte, mittelschwere Bergwege bis T3 in typischen, teils steindurchsetzten oder auch mal erdigen Matten. Nur zur Aleitenspitze bloß Pfadspuren und etwas blockiger, aber ebenfalls Gehgelände. Mit elementarer Trittsicherheit beherrschbar, zudem Ausdauer für normale Tagesetappen von 5 bis 6 Std.
Maximale Höhe: Aleitenspitze, 2449 m.
Einkehr/Übernachtung:
1.–3 Tag: Neue Bamberger Hütte,

Blick zur Neuen Bamberger Hütte auf der Kuhwildalm.

Fernschau vom Schafsiedel weit nach Norden bis in bayerische Gefilde.

1756 m, DAV, Ende Mai/Anfang Juni bis Mitte Oktober, Tel. +43 664 4559469. Gasthof Wegscheid, 1148 m, privat, Tel. +43 664 5407111.

Karten: AV-Karte 1:50.000, Blatt 34/1 »Kitzbüheler Alpen – West«. Freytag & Berndt 1:50.000, Blatt 121 »Großvenediger – Oberpinzgau«.

1. Tag: Wir fahren den letzten Parkplatz knapp oberhalb des Gasthofs Wegscheid (1), 1148 m, an und begeben uns auf einen gut ausgebauten Bergwanderweg (Nr. 718), ab und zu mit kleinen Brücken. Bei Hölzl (2), 1389 m, trifft man auf die Forststraße, wählt im weiteren Verlauf aber stets die Abkürzungen und nutzt erst gegen Ende wieder die breite Trasse. Damit zur Kuhwildalm und noch 5 Minuten weiter zur Neuen Bamberger Hütte (3), 1756 m.

Gleich dahinter mit Nr. 728 rechts hoch und über den ersten Hang zur Schwelle des Unteren Wildalmsees (4), 1937 m. Wir passieren ihn links und ersteigen die nächste Karstufe. Flach an einem Sumpfgebiet vorbei stehen wir schon vor dem Mittleren Wildalmsee (5), 2028 m. In ähnlicher Weise geht es über den folgenden Geländeaufschwung. Später holt man deutlich nach rechts aus, um eine Hangmulde (mit kleinem See) ohne wesentlichen Höhenverlust zu umgehen. Wiederum kräftig ansteigend eine Etage höher und damit zum Oberen Wildalmsee (6), 2324 m. Jetzt ist es nicht mehr weit bis auf den Schafsiedel (7), 2447 m – allerdings auf dem letzten Stück nochmals recht steil. Beim möglichen Übergang zur Aleitenspitze folgen wir dem Verbindungsgrat, allen-

Oben: Ein See schöner als der andere; hier der Mittlere Wildalmsee.
Unten: Der Tristkopf zeigt eine für die Kitzbüheler Alpen relativ markante Form.

Im Süden zieht die vergletscherte Reichenspitzgruppe den Blick auf sich.

falls wenige Meter links ausweichend, wo sich dieser schärfer ausprägt. Blockwerk ist ab und zu unwegsamer, doch finden wir auch Pfadspuren (ohne Markierung). Nach rund 60 Metern Zwischenabstieg geht es ebenso viele hinauf zur meist einsameren **Aleitenspitze (8)**, 2449 m. Der Rückweg verläuft am sichersten auf der gleichen Route. Bei guter Sicht und trockenem Untergrund können Geübte ungefähr bei der Einsattelung zwischen den Gipfeln weglos Richtung Oberer Wildkarsee absteigen (Grasmatten und Blockschutt). Damit spart man sich den Gegenanstieg zum Schafsiedel.

2. Tag: Von der **Neuen Bamberger Hütte (3)** wechseln wir über die Brücke zum Gegenhang und steigen –

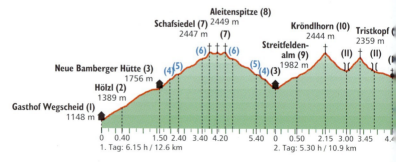

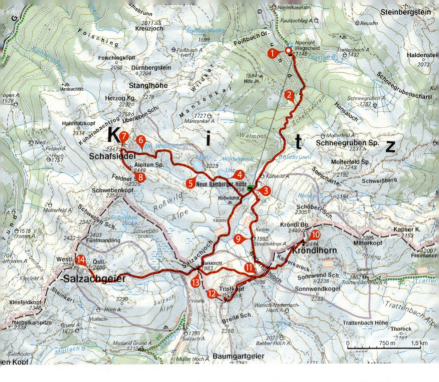

teils auf Fahrweg, meist aber auf abkürzenden Pfaden und zwischendurch mal einen Graben kreuzend – insgesamt schräg aufwärts zur **Streitfeldenalm (9)**, 1982 m. Etwas höher mit Nr. 734 links haltend in die Südwestflanke des **Kröndlhorns (10)**, 2444 m, dessen Matten allmählich aufsteilen und nach oben hin in felsdurchsetztes Gelände übergehen. Ohne größere Hürden lässt sich der Gipfel jedoch erreichen.

Im Bergab halten wir aus der Gipfelflanke eher gerade auf das **Nadernachjoch (11)**, 2098 m, zu und packen den gegenüberliegenden, formschönen **Tristkopf (12)**, 2359 m, an. Auch hier kommt man über teils grasigen, teils erdigen Untergrund – aber eher selten steindurchsetzt – höher. Die Spur zieht in die Ostflanke und gewinnt den Gipfel zuletzt von hinten. Für den Rückweg können wir uns ab Nadernach-

3. Tag: 5.45 h / 14.5 km

Von der Neuen Bamberger Hütte lässt sich zu diversen Gipfeln ausschwärmen.

joch eine Variante gönnen, und zwar vom Wegekreuz am Sattel nach links querend, später in der Flanke des Tristkopfes schräg abwärts und zum Markkirchl (13), 1983 m, das den seit Urzeiten bekannten Übergang am Salzachjoch markiert. Nordwärts eindrehend wandern wir durch das sanfte Wiesenhochtal gemächlich bergab und laufen via Roßwildalm wieder bei der Neuen Bamberger Hütte (3) ein.

3. Tag: Die zuletzt beschriebene Route – also bei der Dreifachverzweigung hinter der Hütte geradeaus, an der Roßwildalm vorbei über die Brücke und dann über die Hochweiden sachte ansteigend bis zum Markkirchl (13) – ist auch Bestandteil der Tour zum Salzachgeier. Jenseits des Salzachjochs, jetzt auf salzburgischem Boden, mit einem Fahrweg rund 50 Höhenmeter bergab, bis die Gipfelroute rechts abzweigt. Vorerst flach über die Böden, wobei laut Schild die »Erste Brücke über die Salzach« überschritten wird. Unser Steig leitet in eine Hangmulde und links heraus zu einem Geländerücken. Am Schluss wird es merklich steiler und auch etwas steiniger, doch lässt sich mit einigen Kehren der Gipfel des Östlichen Salzachgeier (14), 2466 m, ohne große Schwierigkeiten erreichen. Ein Übergang zum Westgipfel wäre anspruchsvoller und kein reines Wanderterrain mehr.

Der Rückweg erfolgt auf dem gleichen Weg, übers Salzachjoch hinweg zur Neuen Bamberger Hütte (3) und zurück zum Gasthof Wegscheid (1) im Kurzen Grund.

Kitzbüheler Alpen

Am Fieberbrunner Höhenweg

30

Mit Wildseeloder, Bischof und Gebra ★★

Typische Tour in den wiesengrünen Kitzbüheler Alpen
In den weitläufig verzweigten Kämmen der Kitzbüheler Alpen gibt es wenig Aufsehenerregendes – sattes Mattengrün überzieht diese Berge wie mit Samt und sorgt für ein recht einheitliches Landschaftsbild. Ab und zu sticht dennoch mal ein Gipfel optisch hervor. Im Bereich zwischen Kitzbühel und Fieberbrunn lassen sich – abgesehen vom Kitzbüheler Horn mit seinem Antennenstachel – vor allem Wildseeloder, Bischof und Gebra nennen, die über den Rest der Gipfelflur dominieren. Sie sollen auf dieser Tour unsere Marksteine sein, um die sich der Fieberbrunner Höhenweg herumschlängelt. Den ersten Abschnitt zum herrlich gelegenen Wildseeloderhaus könnte man sich auch größtenteils von der Seilbahn abnehmen lassen, doch die Einstimmung auf dem Wanderweg passt eigentlich ganz gut und ist bei gemäßigten Steigungen auch nicht sonderlich anstrengend. Der weitere Verlauf führt über die Hochwildalm, wobei die Gipfelzugaben diese Übergänge bedeutend aufpeppen. Dass der eigentliche Fieberbrunner Höhenweg damit verlassen und erst wieder jenseits des Gebra aufgenommen wird, soll uns nicht stören. Ohnehin ist dieser »Höhenweg« insgesamt keine ganz ausgegorene Sache, taucht er doch letztlich in den Pletzergraben ab und hält für uns am Ende noch einen etwas ermüdenden Talhatscher bereit. Dieses Manko hat allerdings auch seinen Vorteil: Man kehrt unmittelbar zum Ausgangspunkt zurück.

Auf Teilstrecken orientieren wir uns am Fieberbrunner Höhenweg.

Die Auftaktetappe gehört dem Bergauf von Fieberbrunn zum Wildseeloderhaus.

KURZINFO

Ausgangspunkt: Fieberbrunn, 790 m. Parken am besten in der Nähe der Zufahrt in den Pletzergraben. Nächste Bushaltestelle »Aubad«. Fieberbrunn besitzt auch einen Bahnhof, allerdings etwas abseits.
Endpunkt: Wie Ausgangspunkt.
Etappendaten:
▶ **1. Tag:** 1120 Hm↑, 50 Hm↓, 3.30 Std.
▶ **2. Tag:** 750 Hm↑, 1050 Hm↓, 5 Std.
▶ **3. Tag:** 600 Hm↑, 1370 Hm↓, 5.45 Std
▶ **Gesamt:** 2470 Hm↑↓, 14.15 Std.
Anforderungen: Über weite Strecken problemlose Bergwanderwege im Mattengelände, wo allenfalls Nässe und vom Vieh zertretene Bereiche für Verdruss sorgen können. Die Grundroute geht über T2 kaum hinaus und ist damit eigentlich »blau«. Elementare Trittsicherheit verlangen die Gipfel in etwas abschüssigeren, mitunter felsdurchsetzten Passagen (bis T3, vor allem am Bischof). Konditionell im normalen Rahmen.
Maximale Höhe: Bischof, 2127 m.
Einkehr/Übernachtung:
1. Tag: Alpengasthof Streuböden, 1221 m. Berggasthof Wildalpgatterl, ca. 1300 m. Wildalm, 1579 m. Wildseeloderhaus, 1854 m, Anfang Juni bis Mitte Oktober, Tel. +43 664 3400717.
2. Tag: Hochwildalmhütte, 1557 m, privat, Anfang Juni bis Mitte Oktober, Tel. +43 664 3826865.
3. Tag: Gasthof Pletzer, 994 m, und Gasthof Winkelmoos im Pletzergraben.
Varianten:
1. Per Seilbahn zum Lärchfilzkogel wird der Zustieg zum Wildseeloderhaus auf ein Minimum reduziert. Damit auch gut in zwei Tagen machbar.
2. Der originale Fieberbrunner Höhenweg verläuft nördlich an Bischof und Gebra vorbei, berührt somit jedoch nicht die als Stützpunkt wichtige Hoch-

Die Überschreitung des Wildseeloder wird niemand verpassen wollen. Weiter hinten erkennen wir schon Bischof und Gebra.

wildalm. Aber auch im Rahmen unseres Ablaufs können die Gipfel theoretisch ausgelassen werden, womit die gesamte Tour »blau« einzustufen wäre.

Karten: AV-Karte 1:50.000, Blatt 34/2 »Kitzbüheler Alpen – Ost«. Freytag & Berndt 1:50.000, Blatt 301 »Kufstein – Kaisergebirge – Kitzbühel«.

1. Tag: In **Fieberbrunn (1)**, 790 m, schlagen wir – entweder direkt aus der Ortsmitte oder nahe dem Pletzerbach – die Route zum Moorbad **Lauchsee (2)**, 859 m, ein. Mit Nr. 711 vorerst noch auf Hartbelag weiter gen Süden und ab Brennt auf einen Almweg, der am Hang Richtung **Streuböden (3)**, 1221 m, aufwärtszieht. Hier pasieren wir Gasthaus und Mittelstation, wandern anschließend zum Berggasthof Wildalpgatterl und mit einer nach rechts ausholenden Schleife durch Wald- und Wiesengelände hinauf zum Sattel beim **Lärchfilzkogel (4)**, ca. 1600 m, wo der Zugang von der nahen Bergstation dazukommt. Nun schräg rechts mit etwas Höhenverlust in die Senke, an der Jausen-

Auch der im Vergleich zum Gebra (hinten) topografisch wenig markante Gaisberg lohnt noch einen Seitensprung.

Am Wildsee hat unsere Hütte zweifellos einen herrlichen Standort.

station **Wildalm**, 1579 m, vorbei und mit etlichen Kehren am blumenreichen Nordhang empor zum **Wildseeloderhaus (5)**, 1854 m. Es liegt am gleichnamigen See, einer Perle der Kitzbüheler Alpen. Wer mag, kann den Hausberg natürlich gleich im Anschluss besteigen.

2. Tag: Ansonsten geht es am nächsten Morgen in die Ostflanke hinein. Nach einigen Kehren und einem rinnenartigen Durchschlupf gelangt man auf einen Rücken, der zum Gipfel des **Wildseeloder (6)**, 2117 m, aufschließt. Den Weiterweg leiten wir am Südgrat ein und folgen einem Bogen hinüber zur **Seenieder**, 1949 m, wo der Fieberbrunner Höhenweg wieder aufgenommen wird. Rechter Hand stehen ein stellenweise gesicherter Quergang und ein Latschenhang bevor, ehe man die **Jufennieder (7)**, 1891 m, durchschreitet und dahin-

Am Kammrücken zum Bischof; links der formschöne Gebra.

ter allmählich in den Westhang des Hohen Mahdstein einschwenkt. Vom Niederen Mahdstein kurzzeitig etwas verwachsen gegen das **Grubjoch**, 1795 m, hinunter, rechts abknickend noch etwas tiefer und unter den Bischof-Nordhang. Richtung Bischofsjoch beginnt der Weg wieder anzusteigen und eröffnet uns zwischendurch eine Abkürzungsmöglichkeit (8) hinauf zum Nordwestrücken. Dort angelangt, geht es

Idyllisch bettet sich die Kranzlacke in die Matten. Im Hintergrund Wildseeloder und Hoher Mahdstein.

Mit dem Gebra erreichen wir unseren dritten Zweitausender.

unter dem Gipfelaufbau entlang zunächst einmal diagonal durch die Flanke, mit einem Knick gipfelwärts und ganz zuletzt sogar von hinten her zum Kreuz am **Bischof (9)**, 2127 m.

Beim Abstieg bleiben wir auf dem Bergrücken, überschreiten eine seichte Anhöhe und müssen vor

Die Westflanke des Wildseeloder mit der Grubalm unterhalb.

dem **Bischofsjoch (10)**, 1909 m, sogar einmal über eine kleine, harmlose Stufe kraxeln (I). Gegenüber lässt sich noch rasch der **Weißkopfkogel (11)**, 1970 m, mitnehmen, ehe wir – anfangs in relativ steilem Gelände – über weitläufige Weiden zur **Hochwildalmhütte (12)**, 1557 m, absteigen.

3. Tag: Ein Stück weit geht es am Weg vom Vortag wieder bergauf, dann aber links haltend in die ausgedehnte Südflanke des Gebra. Wir gewinnen die südwestliche Schulter und anschließend über den Rücken den Gipfel des **Gebra (13)**, 2057 m, der in puncto Aussicht seinen Nachbarn in nichts nachsteht. Im Abstieg kurz zurück, dann rechts in den Steilhang, wo man eine mögliche Verbindung zur Gebrakapelle ignoriert und sich in Kehren tiefer be-

Kitzbüheler Alpen

gibt. Es folgt eine angenehme Traverse bis ins **Gebrajoch (14)**, 1777 m, bevor es noch bequemer auf dem nun wieder einmündenden Fieberbrunner Höhenweg weitergeht. Ein Abstecher zum **Gaisberg (15)**, 1786 m, ist bei nur 60 zusätzlichen Höhenmetern binnen 10 Minuten geschafft. Ansonsten weiter auf der breiten Trasse, bis noch vor dem Gaisbergsattel bei P. 1690 **(16)** der Abzweig scharf rechts genommen wird. Über die Grasböden zur Lengfilzenalm und dort links auf die Almstraße, die sich über die **Schlinachalm (17)**, 1392 m, langwierig bis ins Tal des Lengfilzenbachs hinunterschraubt. Man wandert hinaus zur Herrgottbrücke und zum **Gasthof Pletzer (18)**, 994 m, im inneren Pletzergraben. Durch diesen schließlich noch gute vier Kilometer talauswärts, wobei man auf halber Strecke bis **Fieberbrunn (1)** am Gasthof Winkelmoos abermals Einkehrmöglichkeit hat.

Stichwortverzeichnis

A
Adolf-Pichler-Hütte 142
Alblitjöchl 39
Aleitenspitze 218
Almajurjoch 29
Alpeiner Scharte 173
Alperschonjoch 31
Angeralm 154
Anhalter Hütte 42
Ansbacher Hütte 32
Aperer Turm 123
Aperes Madatschjoch 70
Aschakreuz 198
Ascher Hütte 58
Auf den Saßen 71
Auf Plattei 91
Äußeres Schwarzjöchl 113
Außermelang Hochleger 169

B
Bacheregg 29
Baumgartenköpfl 212
Bergmähderweg 110
Berliner Hütte 182
Binsalm 156
Birzlkapelle 152
Bischof 226
Blaue Lacke 128
Boscheben 162
Branntweinboden 39
Braunschweiger Hütte 86
Breitenbach 198
Bremer Hütte 134
Bremer Jubiläumssteig 133
Brennhüttental 42
Breslauer Hütte 91
Brunnenbergalm 98
Brunnenjoch 57
Brunnenkogelhaus 98
Buchackeralm 197

C
Coburger Hütte 46

D
Dalfazer Roßkopf 188
Diasbahn 24
Dolomieuweg 133
Dreibrunnenjoch 195
Dürrensee 160

E
Ehrwald 47
Ehrwalder Sonnenspitze 48
Ellmauer Tor 211
Engalmen 156
Erfurter Hütte 188
Erlanger Hütte 78
Erlspitze 144

F
Falkenhütte 155
Fallerschein 44
Fernau 128
Fieberbrunn 223
Fieberbrunner Höhenweg 221
Fiegl's Hütte 101
Finstertaler Alm 107
Finstertaler Scharte 106
Floitengrund 185
Franz-Auer-Steig 85
Franz-Senn-Hütte 120
Frauenwand 172
Friedrichshafener Hütte 20
Friesenbergscharte 176
Fritzhütte 32
Fritz-Pflaum-Hütte 213
Fulpmes 143
Furgler 60
Furglerjoch 60
Furtschaglboden 180
Furtschaglhaus 180

G
Gaisberg 227
Galzig 29
Gamsplatzl 100
Gasthof Feuerstein 133
Gasthof Pletzer 227
Gasthof Wegscheid 216
Gaudeamushütte 211
Gebäudjöchl 37
Gebra 226
Gebrajoch 227
Geierspitze 166
Geraer Hütte 173
Geschriebener Stein 160
Ginzling 185
Gleirscher Roßkogel 108
Gleirschjöchl 108
Gletscherstube 86
Glockturm 61
Gmailkapelle 207
Grafenjoch 169
Gramais 36
Griesenerkar 208
Griesner Alm 211
Großer Solstein 148
Großer Trögler 128
Großsee 77
Grubascharte 189
Gruejoch 110
Grünausee 129
Grünsteinscharte 51
Gruttenhütte 204
Gscheuerkopf 206
Gschrappkogel 85

H
Haidachstellwand 192
Halsl 143
Hanauer Hütte 36
Heuberg 198
Hildesheimer Hütte 99
Hintere Gleirschalm 116
Hintere Goinger Halt 211
Hintere Guslarspitze 92
Hinterer Tajakopf 51

228

Hol die Schönheit der Natur zu dir nach Hause

Jetzt Abo bestellen unter:

bergwelten.com/abo

Hinterlarcher 159
Hinterseejöchl 30
Hippoldjoch 169
Hippoldspitze 169
Hochalmsattel 154
Hochiss 188
Hochjochhospiz 93
Hochreichkopf 108
Hochreichscharte 107
Hochtennboden 142
Hochwildalmhütte 226
Hochzeiger 80
Hochzirl 145
Hohenzollernhaus 64
Hoher Gang 47
Hoher Gemeindekopf 74
Hohe Wasserfalle 109
Höhlensteinhaus 196
Hohljoch 155
Höllkopf 52
Hölltörl 51
Hoppe-Seyler-Weg 18

I
Imster Grubigjöchl 42
Inneres Schwarzjöchl 114
Innermelang 169
Innsbrucker Hütte 137

J
Jochalm 196
Jocher Alm 198
Jocher Kapelle 198
Jufennieder 224

K
Kaiserhochalm 205
Kaiser Hochalm 204
Kaiserjochhaus 30
Kaiserniederalm 205
Kaltwasser 195
Kappl 24
Karwendelhaus 154
Kaserer Schartl 172
Kaunergrathütte 70
Kieler Weg 24
Kieler Wetterhütte 23
Kirchberger Alm 146
Kleegrubenscharte 172

Kleiner Ahornboden 154
Kleiner Solstein 148
Kleines Törl 213
Kogelsee 36
Kogelseescharte 36
Köglhörndl 196
Köllenzaiger 113
Kölner Haus 60
Komperdell 56
Krahnsattel 192
Kraspesspitze 106
Kreuzjoch 140
Kreuzjochspitze 24
Kreuzspitze 160
Kridlonscharte 30
Kröndlhorn 219
Kübelgrubenscharte 57
Kübelkar 204, 211
Kufstein 195, 203
Kugleter See 77

L
Ladizalm 155
Lager Walchen 165
Lampsenspitze 117
Larchetalm 154
Lärchfilzkogel 223
Larstigalm 105
Lauchsee 223
Lautersee 134
Lazidkopf 60
Lechtaler Höhenweg 26
Lehnerjoch 78
Leiterjöchl 38
Leutkircher Hütte 30
Lizumer Hütte 165
Lizumer Reckner 166
Lizumer Sonnenspitze 166
Locherer Kapelle 203
Lochlealm 101
Ludwig-Dürr-Weg 18
Ludwigsburger Hütte 78

M
Mainzer Höhenweg 81
Mairspitze 129

Maldongrat 40
Markkirchl 220
Martin-Busch-Hütte 94
Matnaljoch 20
Medrigjoch 58
Meissner Haus 161
Mittelberg 86
Mittelberglesee 71
Mittlere Guslarspitze 92
Mittlerer Wildalmsee 216
Mölser Berg 165
Mölser Hochleger 165
Mölser Niederleger 165
Mölser Scharte 165
Mörchenscharte 183
Münsterhöhe 114

N
Nachberg-Hochleger 197
Nadernachjoch 219
Namlos 41
Namloser Wetterspitze 40
Nauderer Hennesiglspitze 67
Neue Bamberger Hütte 216
Neue Magdeburger Hütte 146
Niederthai 105
Nürnberger Hütte 130

O
Obere Fatlarscharte 23
Oberer Wildalmsee 216
Oberissalm 120
Olpererhütte 174
Östlicher Salzachgeier 220

P
Paznauner Höhenweg 18
Pendling 195
Pendlinghaus 195

Pforzheimer Hütte 116
Piel 20
Planskopf 57
Plessenberg 198
Plöven 143
Pramarnspitze 136
Praxmar 113
Profeglalm 162
Putzenjoch 44

R
Radurschlalm 64
Rautejöchle 21
Rechau (Reher) 203
Regalpwand 213
Rheinland-Pfalz-Biwak 85
Riffljoch 66
Rinnensee 124
Rinnenspitze 124
Rofanspitze 190
Roßkarschartl 37
Rotpleiskopf 57
Rotspitz 188
Rotspitze 98
Rüsselsheimer Hütte 83

S
Sagzahn 190
Samerschlag 116
Samspitze 32
Satteljoch 117
Saumspitze 23
Saykogel 94
Schachtkopf 52
Schafhimmel 74
Schafsiedel 216
Scharnitz 152
Schermsteinalm 192
Schindlescharte 30
Schlicker Schartl 142
Schlinachalm 227
Schnann 32
Schneiderspitze 143
Schneidjöchl 23
Schönbichler Horn 182
Schönpleis-Übergang 21

Schöntalspitze 114
Schwarzsee 182
Schweinfurter Hütte 106
Seebensee 47
Seejöchl 142
Sendesgrat 136
Sennjochhütte 140
Seuffertweg 91
Siegerlandhütte 100
Sölden 98
Solnalm 149
Solsteinhaus 148
Sommerbergalm 172
Spannagelhaus 176
Speicher Schlegeis 180
Spinnscharte 58
Stablein 90
Stallenalm 157
Stans 157
Starkenburger Hütte 142
Steinbockhütte 185
Steinbockjoch 70
Steiner Hochalm 204
Steinerne Rinne 208
Steinernes Lamm 172
Steinjöchl 42
Steinsee 37
Steinseehütte 37
St. Johann 207
Streichgampenjöchl 39
Streichkopfgatterl 188
Streitfeldenalm 219
Streuböden 223
Sulzenauhütte 128

T
Tarntalscharte 168
Tieftalsee 60
Traujöchl 136
Tribulaunhütte 133
Tristenbachalm 185
Tristkopf 219
Tuxer-Joch-Haus 172

U
Unterer Parzinnsee 36

Unterer Wildalmsee 216
Unterschrammachkar 174

V
Valfagehrjoch 29
Valtißalm 133
Vent 90
Vernagthütte 92
Verpeilalm 70
Verpeilhütte 70
Verpeiljoch 72
Verpeilspitze 68
Viggar Hochleger 160
Viggarspitze 161
Vordere Dremelscharte 36
Vorderer Brunnenkopf 57
Vorderer Drachenkopf 51
Vordere Sommerwand 122
Vorderes Sonnwendjoch 190

W
Walleralm 204
Weißkopfkogel 226
Weißmaurachjoch 83
Westfalenhaus 114
Widdersberg 143
Wildererkanzel 205, 212
Wildes Mannle 90
Wildgrat 74
Wildmoos 64
Wildnörderer 61
Wildseeloder 224
Wildseeloderhaus 224
Windachtal 98
Wolfsklamm 157
Württemberger Haus 38

Z
Zamsgatterl 180
Zischgenscharte 114
Zollkreuz 76
Zunterköpfl 197
Zwieselbacher Roßkogel 109

Impressum

Titelbild:
Die Höhenwege im Verwall führen durch eine
imposante Urgesteinslandschaft.

Bild Seite 1:
Beim Wildseeloderhaus in den Kitzbüheler Alpen.

Bild Seite 2:
Gustostück für Experten: die Besteigung
der Ehrwalder Sonnenspitze.

Alle 266 Fotos von Mark Zahel.

Der Autor:
Mark Zahel, Jahrgang 1972, ist als begeisterter Bergsteiger und
hauptberuflicher Buchautor intensiv mit Kamera und Notizblock im
gesamten Alpenraum unterwegs. Über 60 Titel, sowohl großformatige Bildbände als auch Tourenführer, sind bisher von ihm erschienen,
zudem viele Beiträge in Fachmagazinen, vor allem im »Bergsteiger«.

Kartografie:
Wanderkarten im Maßstab 1:75.000,
Übersichtskarten im Maßstab 1:900.000 und 1:3.000.000
© Freytag & Berndt, Wien

1. Auflage 2020
© Bergverlag Rother GmbH · München
Alle Rechte vorbehalten
ISBN 978-3-7633-3205-2

Liebe Bergfreunde!
Alle Angaben dieses Buches wurden vom Autor nach bestem Wissen
recherchiert und vom Verlag mit größtmöglicher Sorgfalt überprüft.
Für die Richtigkeit der Angaben kann jedoch – soweit gesetzlich
zulässig – keine Haftung übernommen werden.
Wir bitten dafür um Verständnis und freuen uns über jede
Anregung und Berichtigung zu diesem Rother Wanderbuch:

ROTHER Bergverlag · Keltenring 17 · D-82041 Oberhaching
E-Mail: leserzuschrift@rother.de
Tel. +49 89 608669-0 · Fax +49 89 608669-69
Besuchen Sie uns im Internet: www.rother.de